中国古代经典碑帖

# 石门颂

主编 黄文新

天津出版传媒集团
天津人民美术出版社

图书在版编目（CIP）数据

石门颂 / 黄文新主编. -- 天津 : 天津人民美术出版社, 2023.12
（中国古代经典碑帖）
ISBN 978-7-5729-0338-0

Ⅰ. ①石… Ⅱ. ①黄… Ⅲ. ①隶书－碑帖－中国－东汉时代 Ⅳ. ①J292.22

中国版本图书馆CIP数据核字(2022)第216472号

中国古代经典碑帖《石门颂》
ZHONGGUO GUDAI JINGDIAN BEITIE SHIMENSONG

出　版　人：杨惠东
责任编辑：田殿卿
助理编辑：边　帅　李宇桐
技术编辑：何国起　姚德旺
封面题字：唐永平
出版发行：天津人民美术出版社
社　　址：天津市和平区马场道150号
邮　　编：300050
电　　话：(022) 58352900
网　　址：http://www.tjrm.cn
经　　销：全国新华书店
制　　版：天津市彩虹制版有限公司
印　　刷：鑫艺佳利（天津）印刷有限公司
开　　本：889mm×1194mm　1/16
印　　张：3.25
印　　数：1-5000
版　　次：2023年12月第1版
印　　次：2023年12月第1次印刷
定　　价：26.00元

# 前言

中国书法艺术，历代名家层出不穷，风格各异，流派纷呈，或潇洒秀逸，或刚劲挺拔，或开拓奔放，或浑厚古朴。临帖，是我们所有学习书法人的共识，取古法之经典，悟先贤之神采。赵孟頫云：『学书在玩味古人法帖，悉知其用笔之意，乃可有益。』学习书法必须临帖，那么择帖就变得尤为重要。我们在择帖时，应尽量采用最接近真迹的优良版本，宋米芾《海岳名言》云：『石刻不可学，但自书使人刻之，已非己书也。故必须得真迹观之，乃得趣。』此话颇有道理。若能见到墨迹，便不必再用拓本。而时至今日，印刷技术的飞跃发展，让我们大开眼界，高清的数据采集，高规格的纸质印刷，很多的细节都做到了原汁原味，高清范本琳琅满目，做到了真正的『下真迹一等』。《中国古代经典碑帖》系列是一套精选的书法碑帖丛书，甄选了热度高、市场需求量大的品类，采用博物馆的高清扫描数据，最大限度地还原了碑帖的真实面貌，全书四色彩印，开本疏朗且价格平易，力求达到最好的艺术审美效果，希望为广大书法爱好者提供性价比高的学习资料。

## 《石门颂》简介

《石门颂》，全称《故司隶校尉楗为杨君颂》，又称《杨孟文碑》等，古人曾一度误称为《杨厥碑》。此颂原为摩崖石刻，原刻通高二百六十一厘米，宽二百零五厘米，二十二行，行三十或三十一字。这是东汉建和二年（一四八）由汉中太守王升发起，为颂扬原司隶校尉杨涣复开石门之功而刻。原刻位于陕西省褒城县（今汉中市褒河区）东北褒斜谷之石门崖壁上。

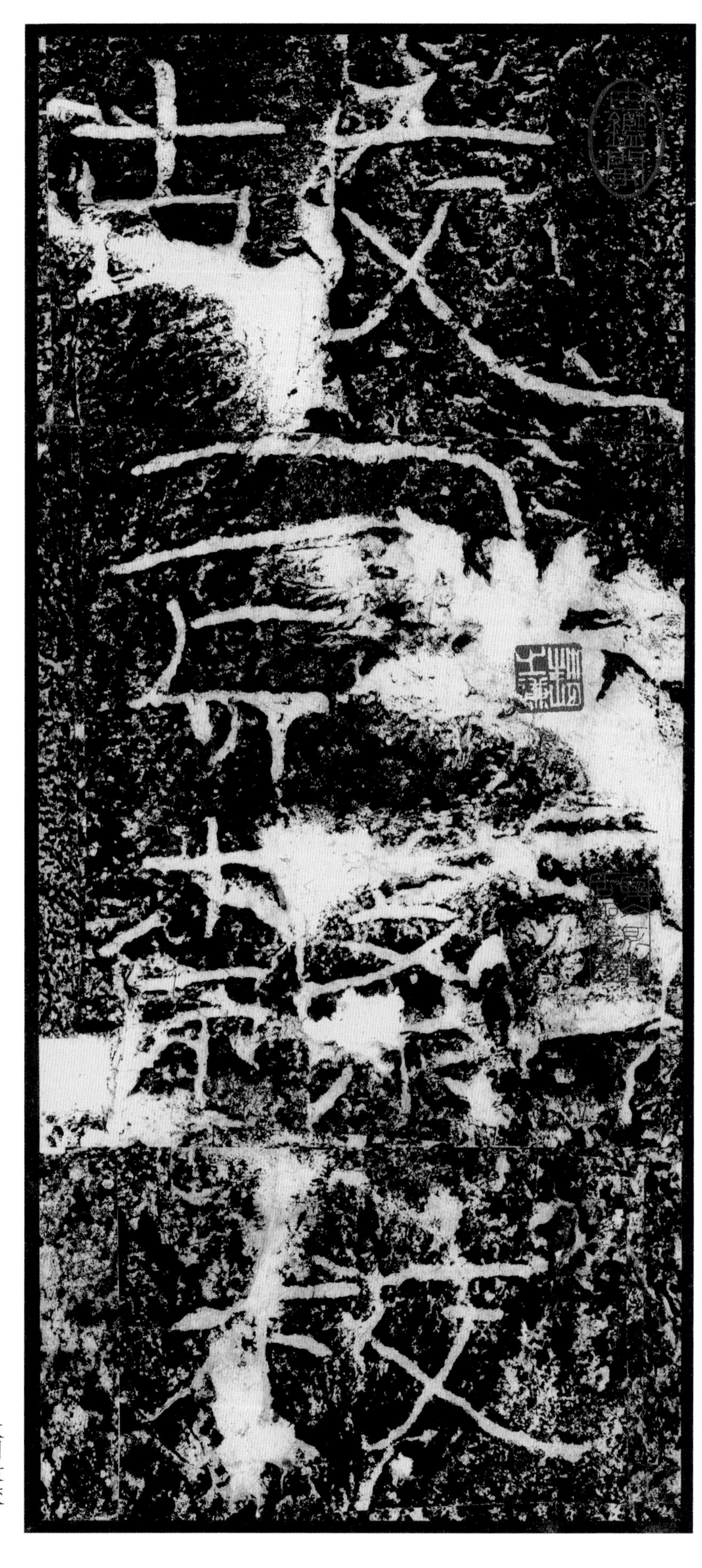

故司隶校

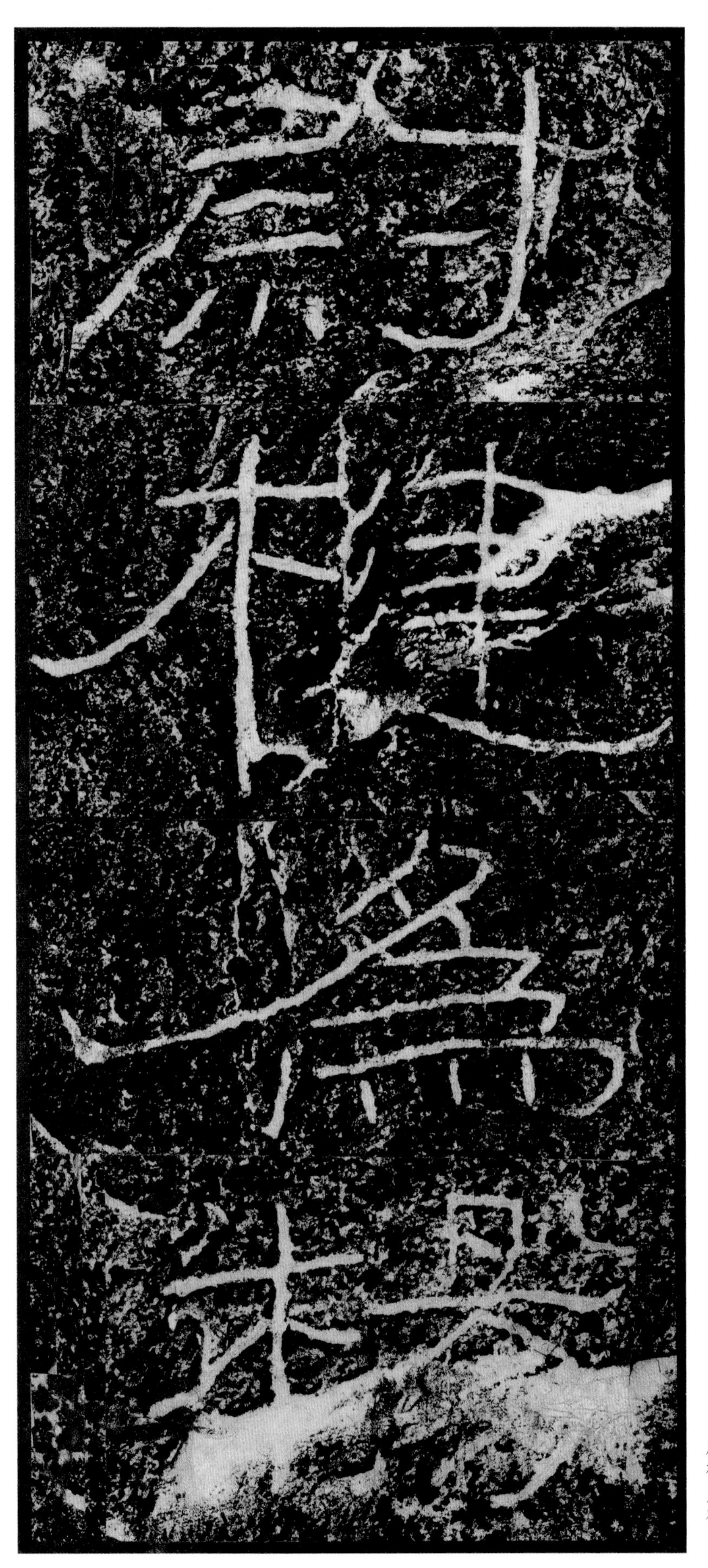

尉楗为杨

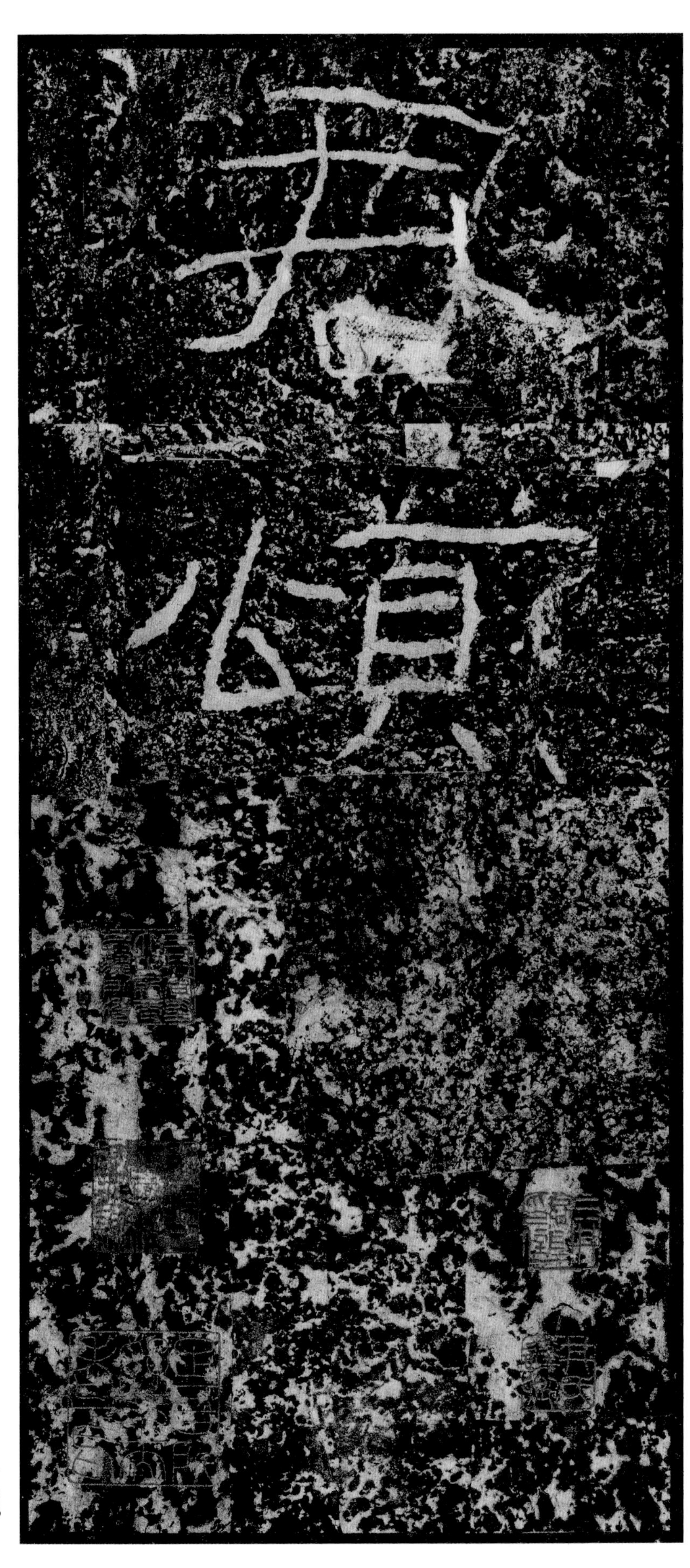

君颂。

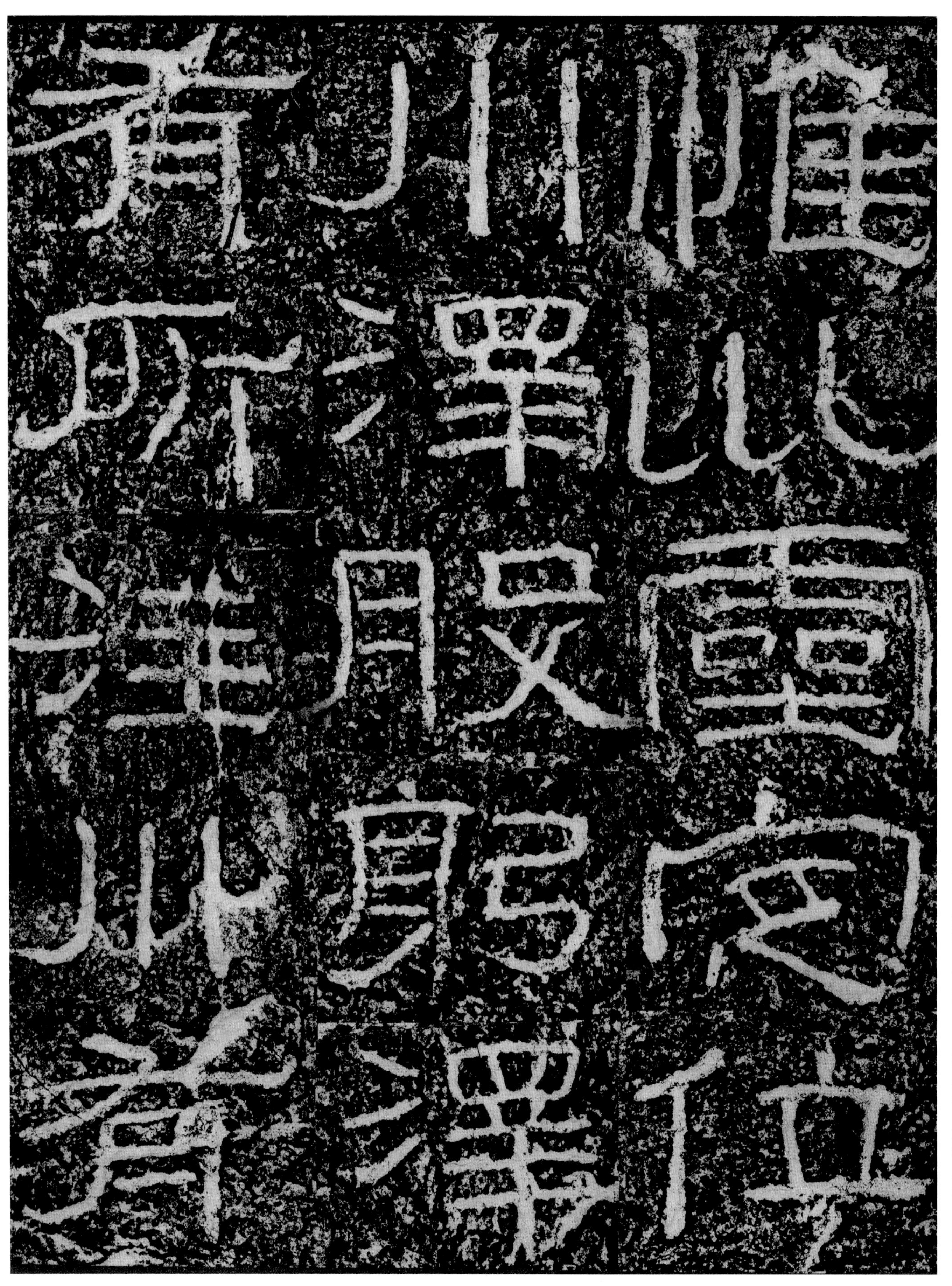

惟巛（坤）灵定位，川泽股躬。泽有所注，川有

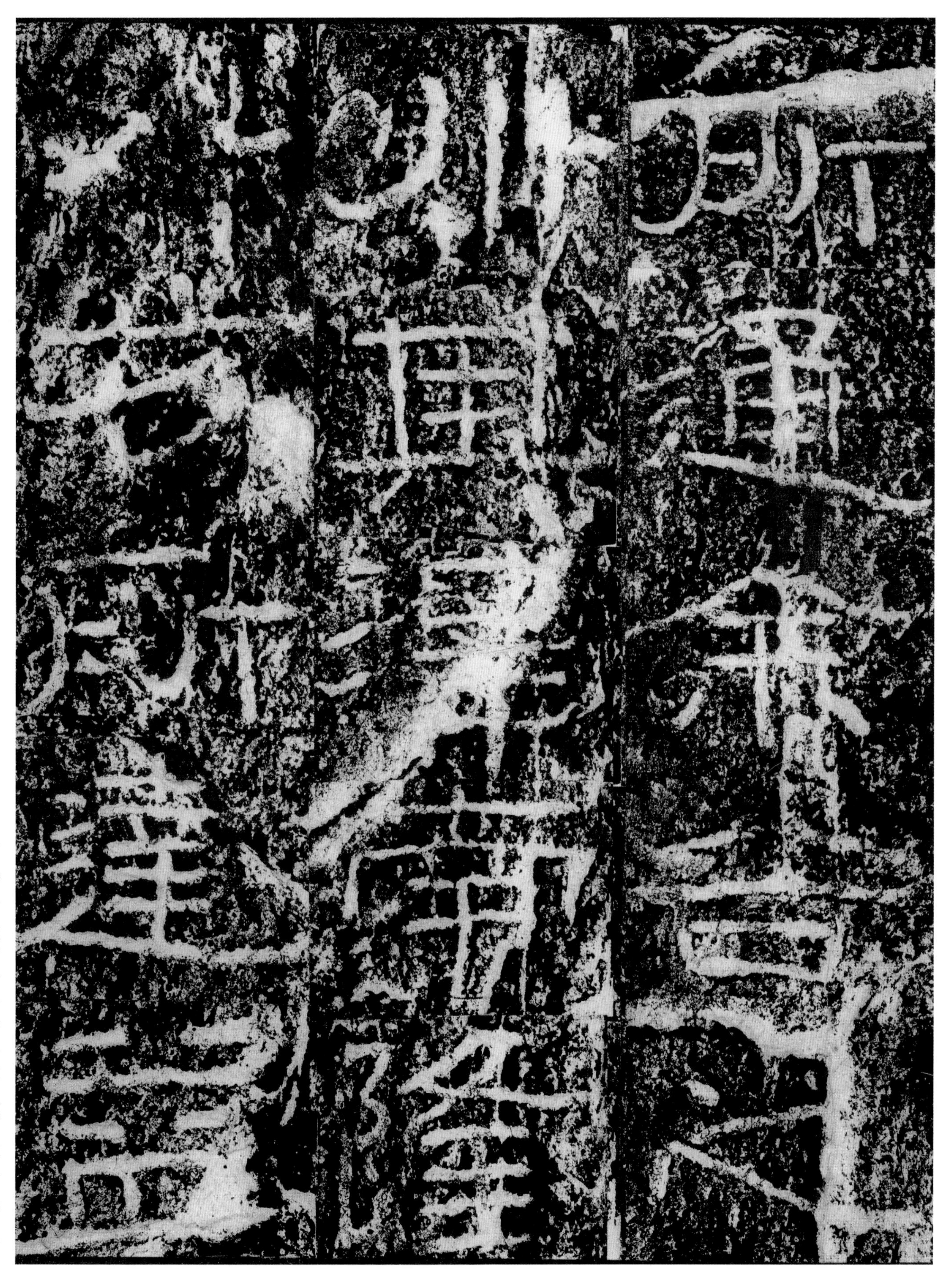

所通。余（斜）谷之川，其泽南隆。八方所达，益

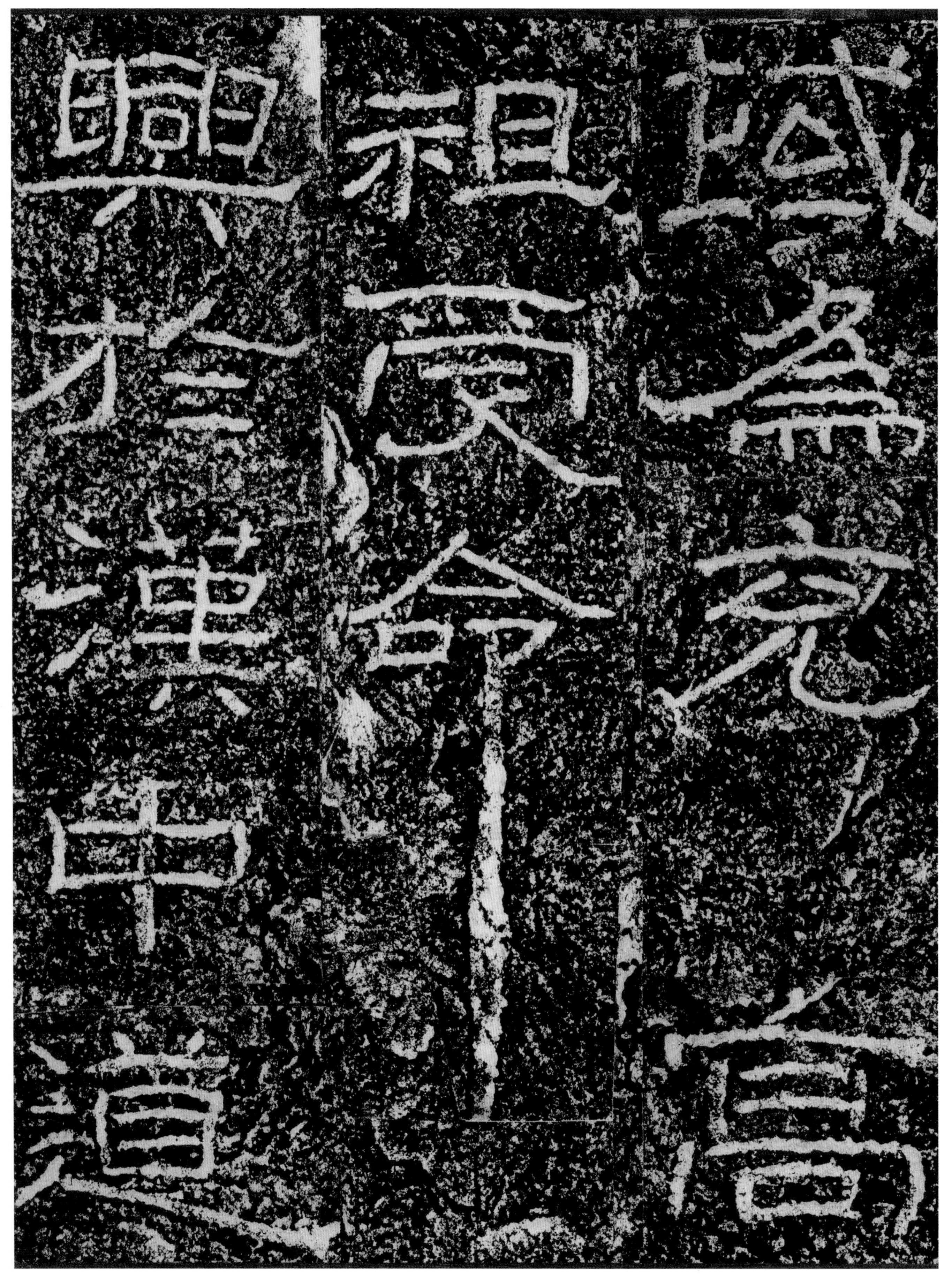

域为充。高祖受命，兴于汉中。道

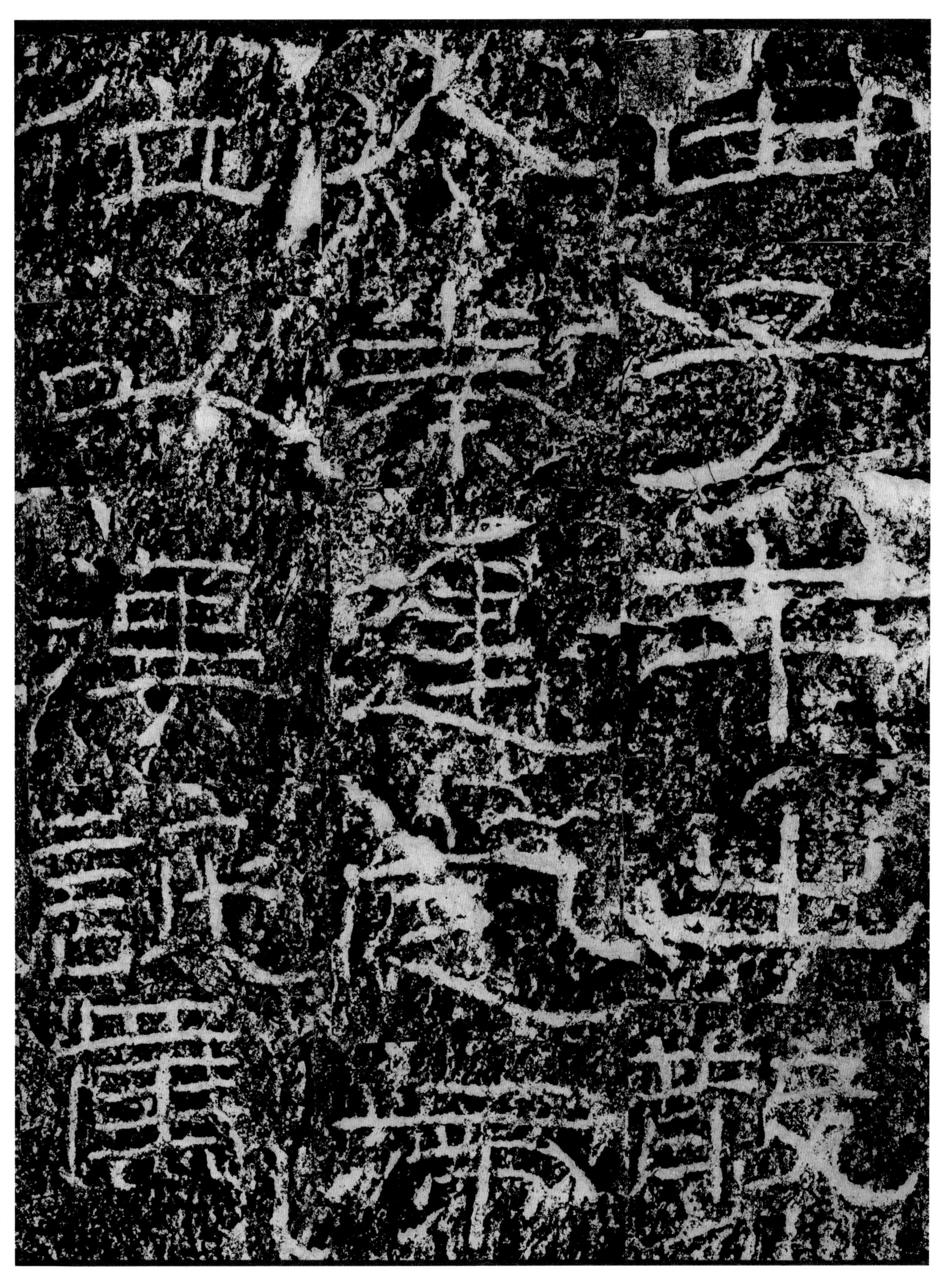

由子午，出散入秦，建定帝位，以汉诋焉。

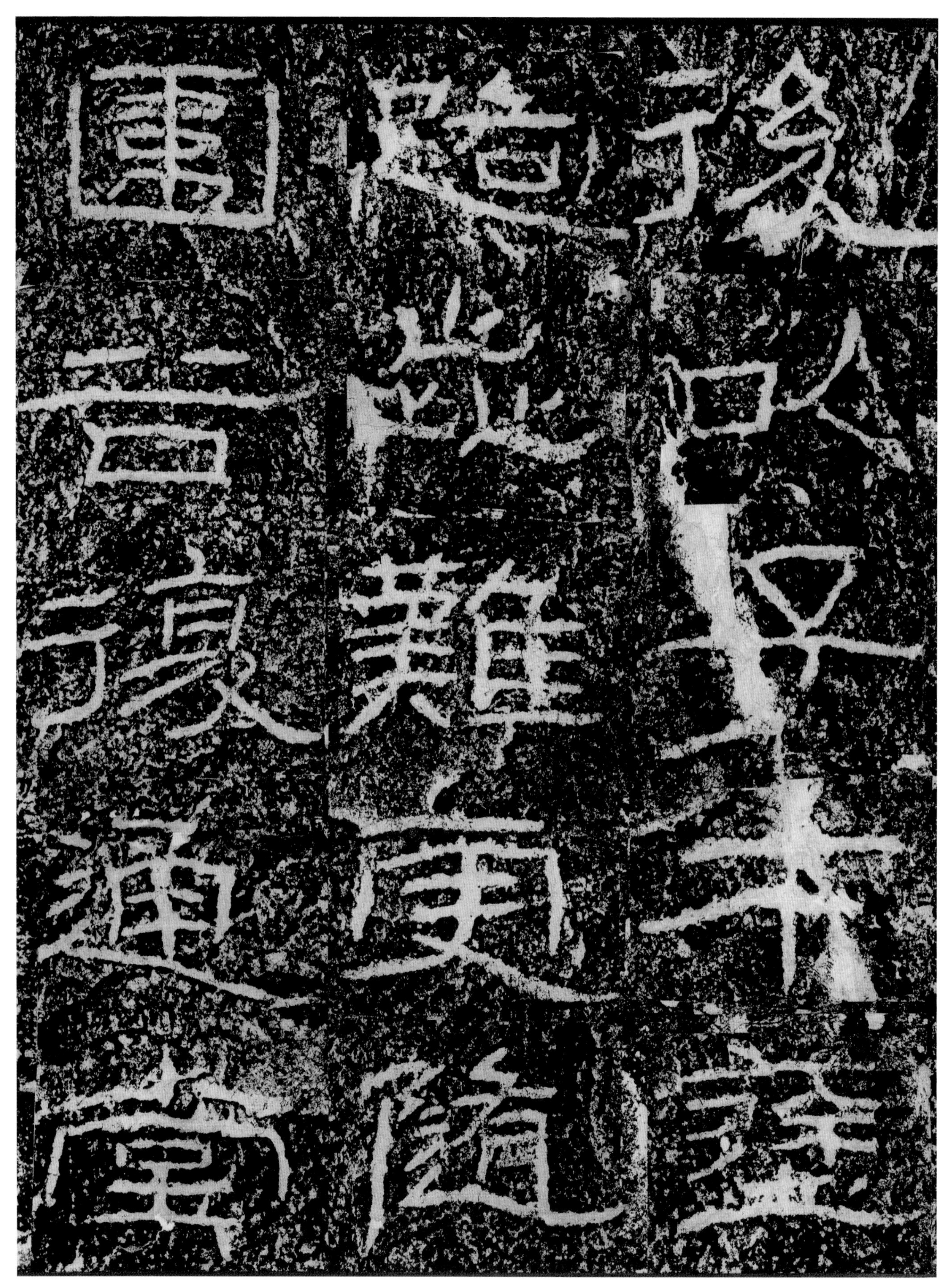

后以子午，涂路歮难。更随围谷，复通堂

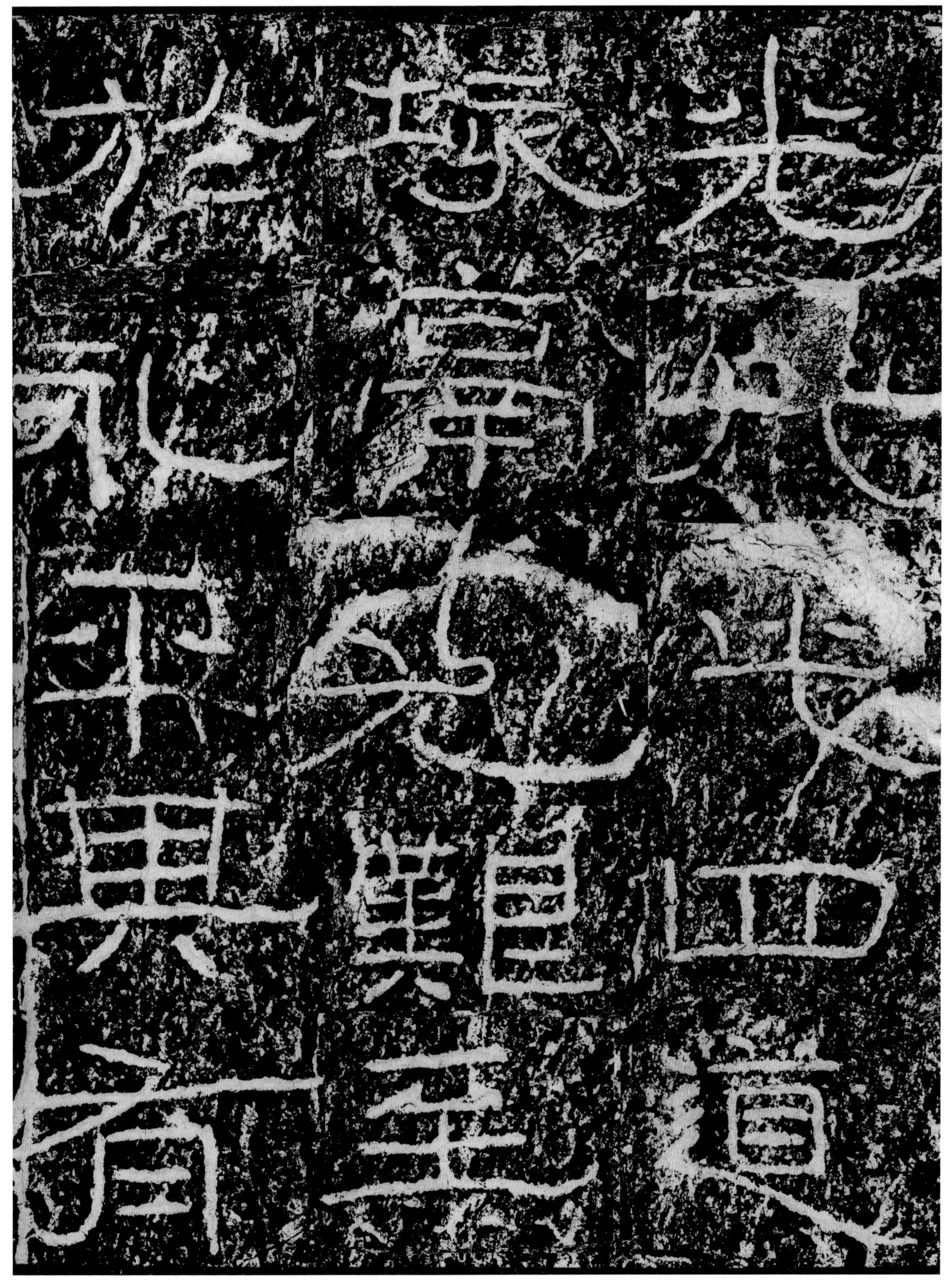

光。凡此四道，垓鬲尤艰。至于永平，其有

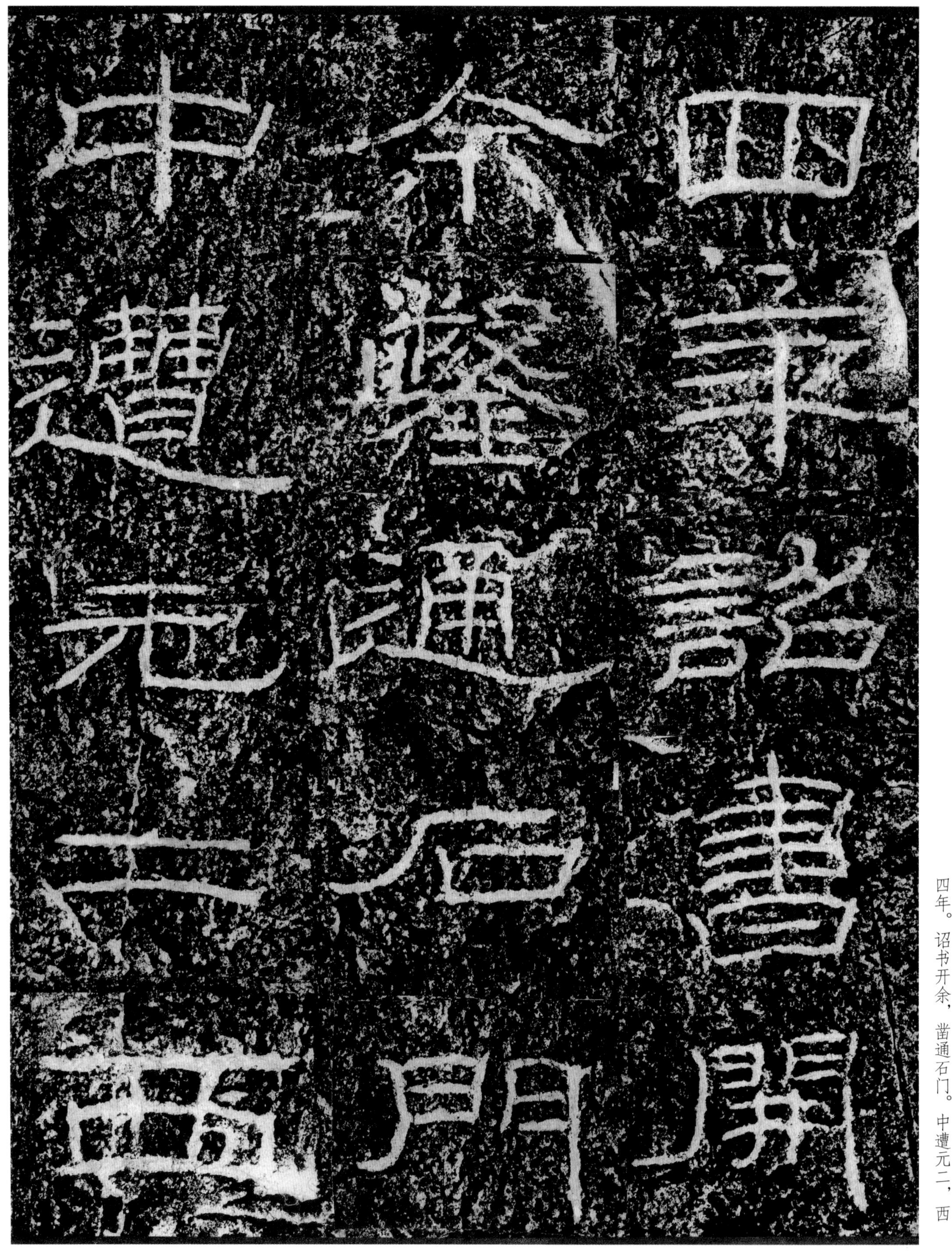

四年。诏书开余，凿通石门。中遭元二，西

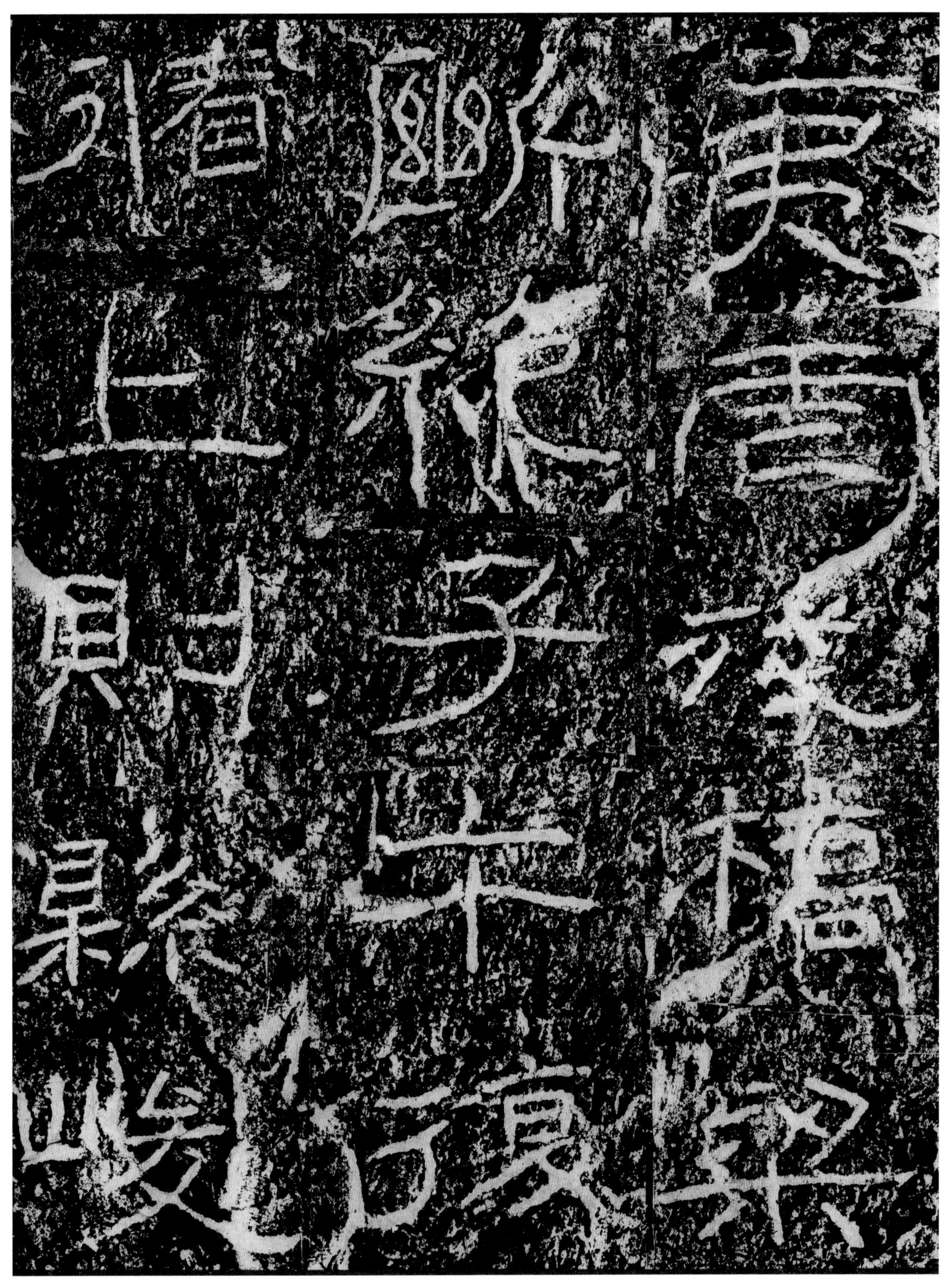

夷虐残。桥梁断绝，子午复循。上则县峻，

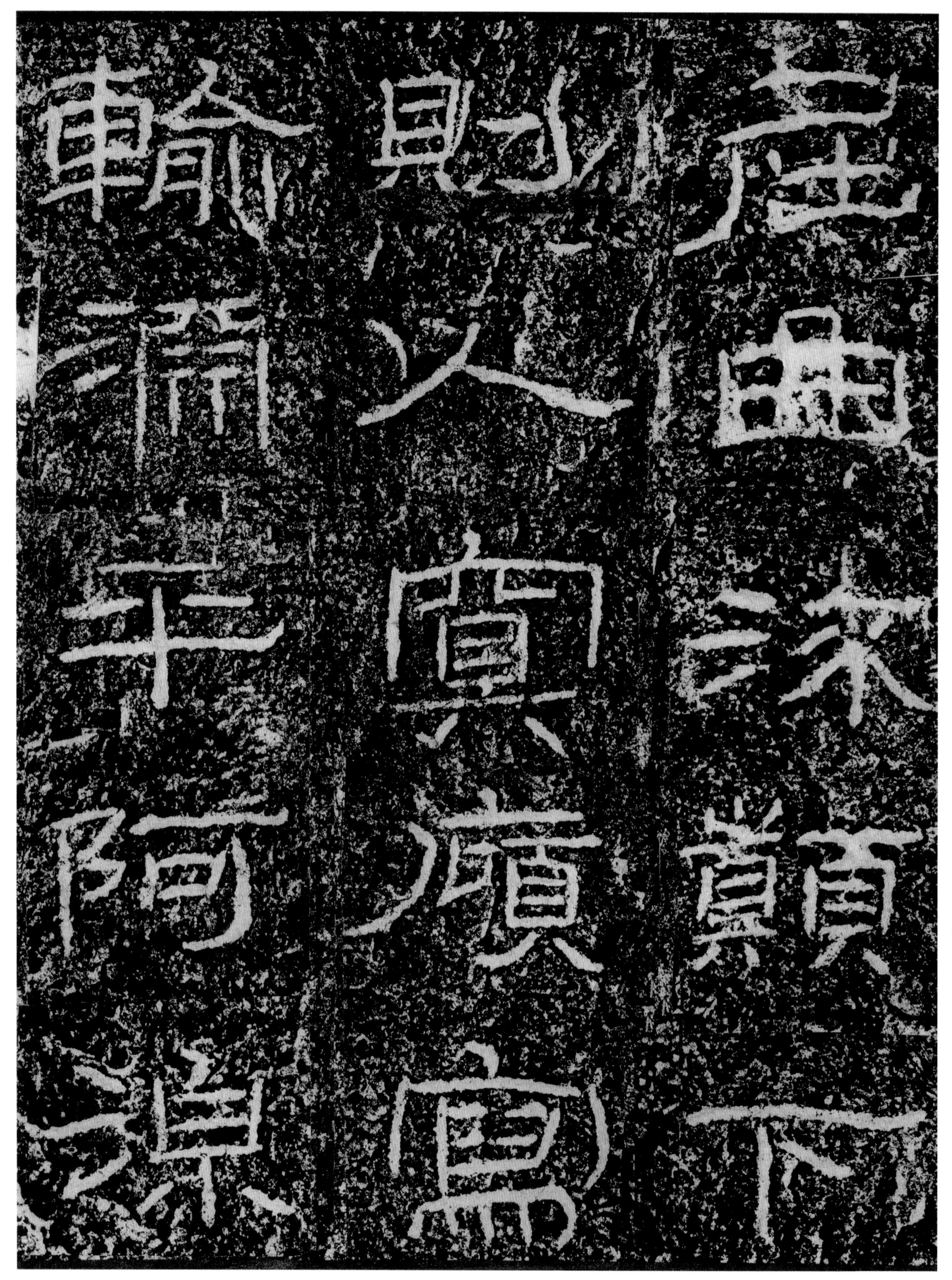

屈曲流颠。下则入冥，庼写输渊。平阿淏

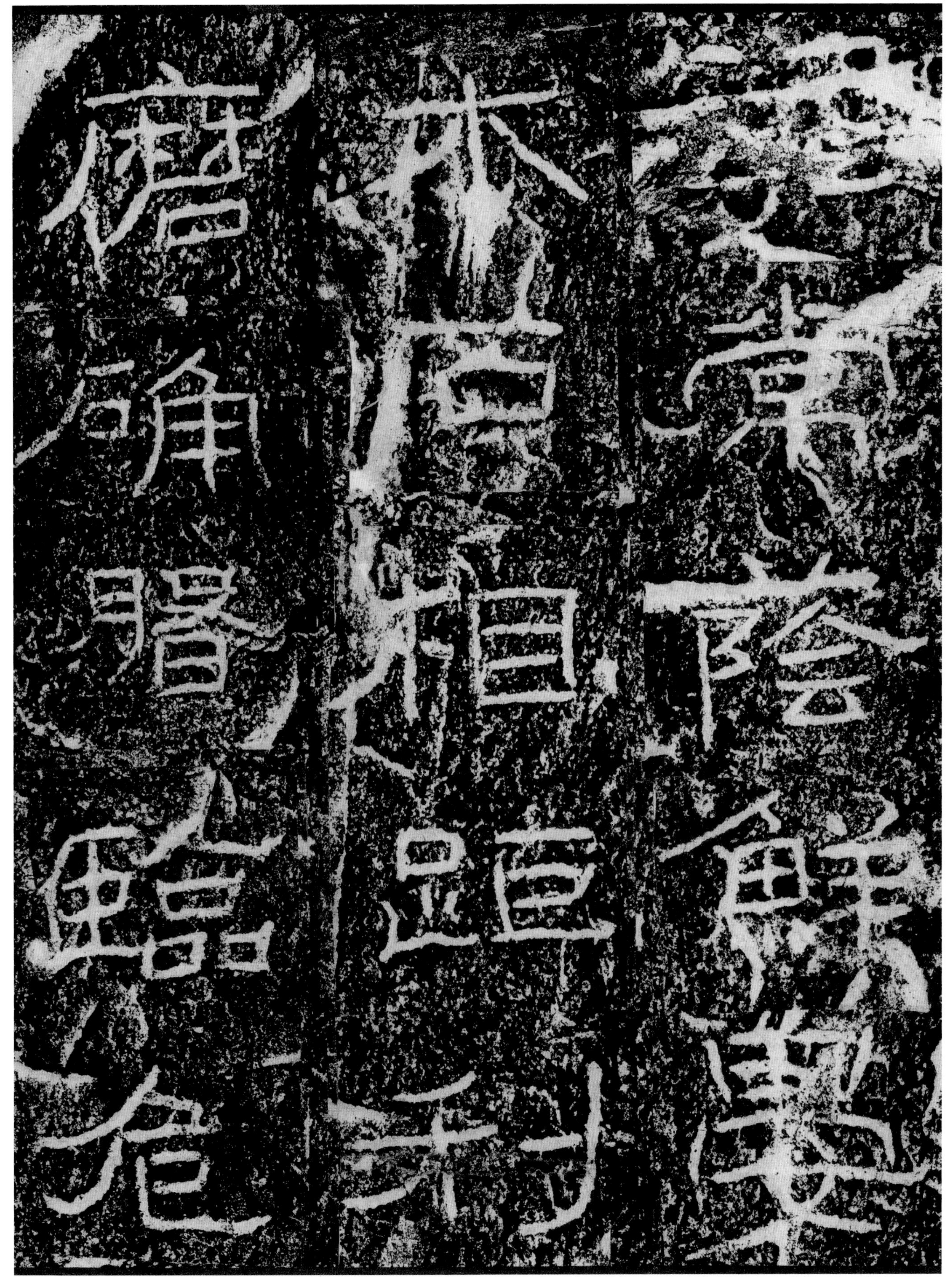

泥，常荫鲜晏。木石相距，利磨确磐。临危

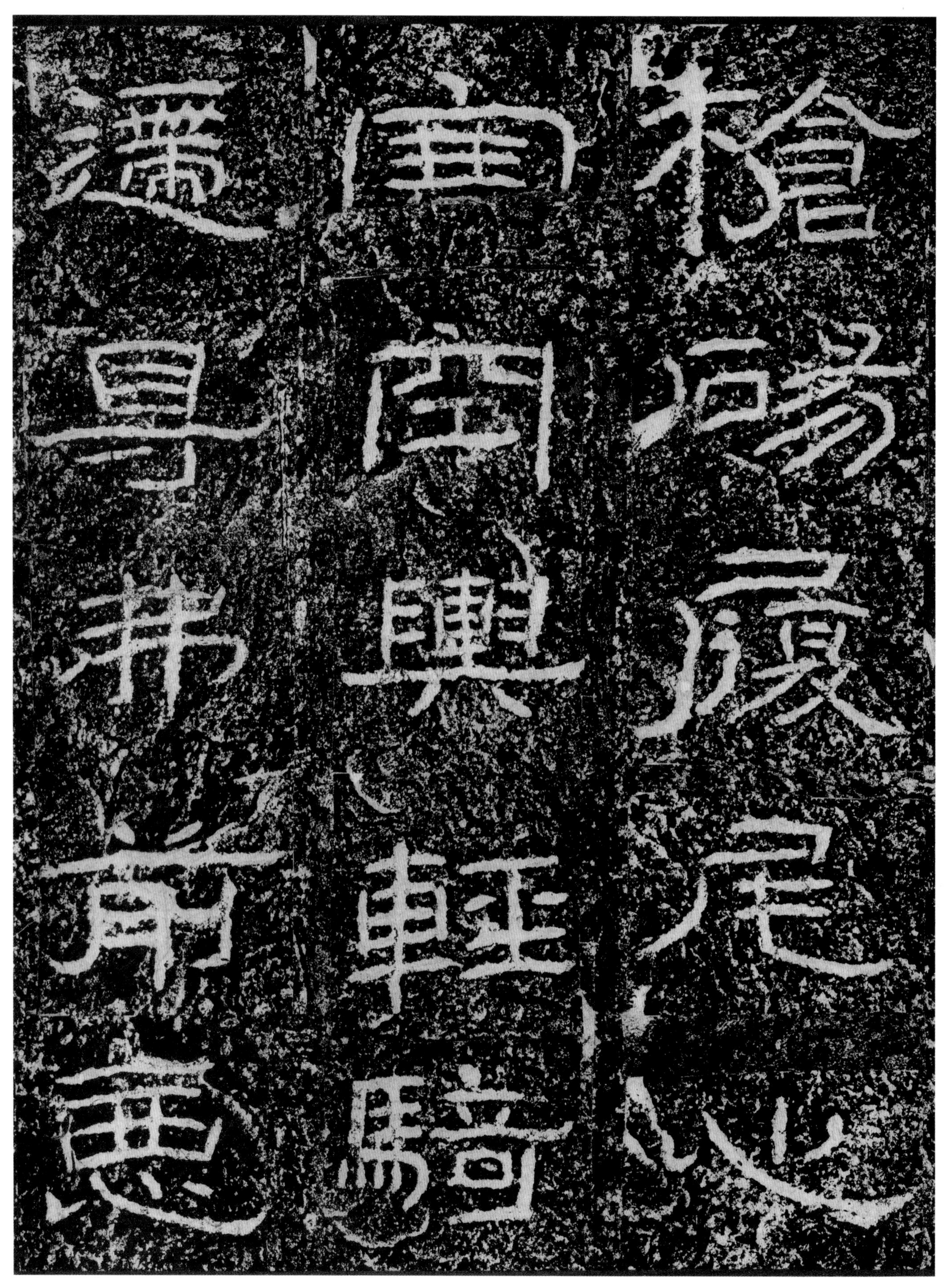

枪砀，履尾心寒。空舆轻骑，遰（滞）碍弗前。恶

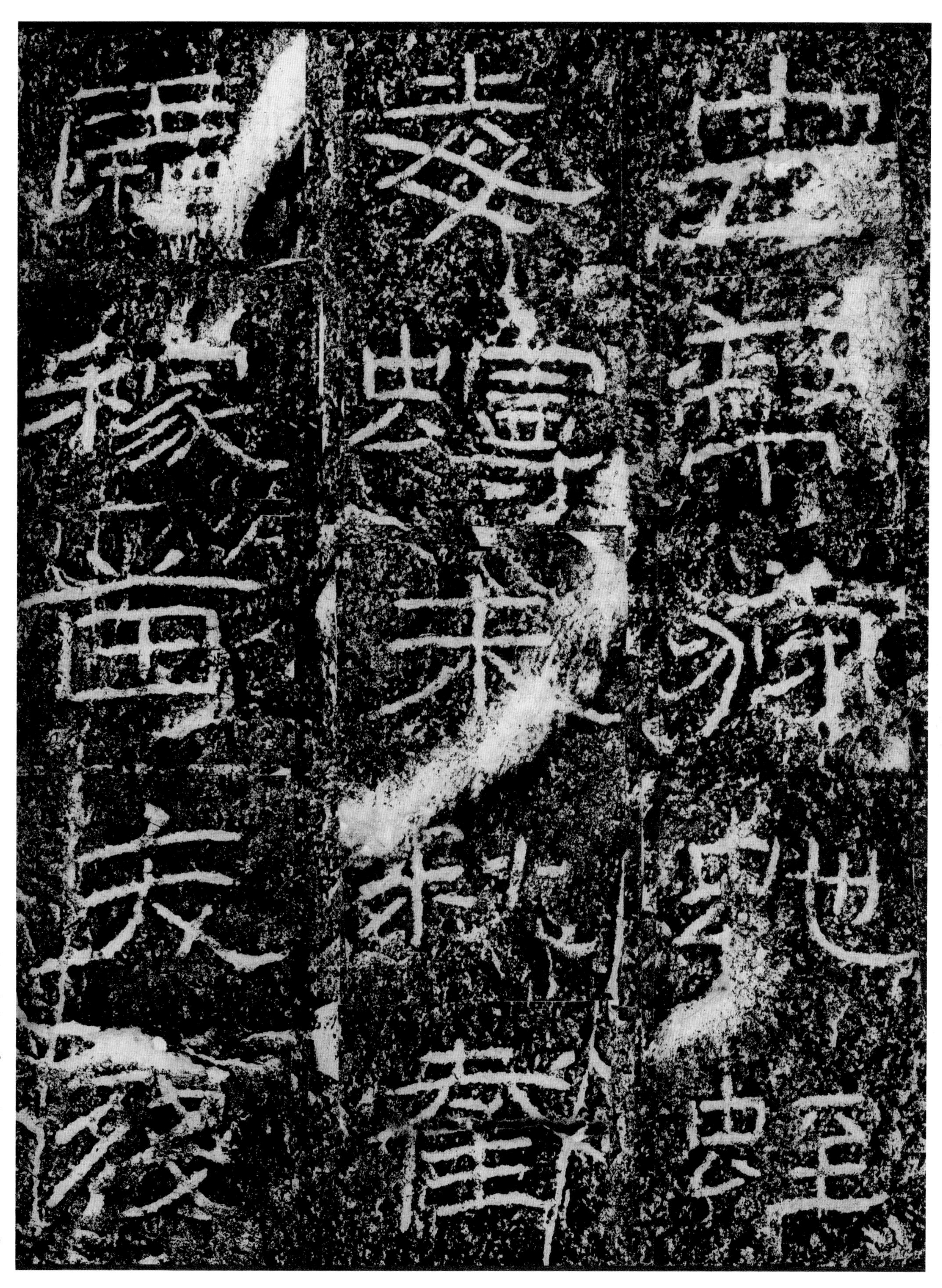

虫蟓狩，蛇蛭毒蝮。末秋截霜，稼苗夭残。

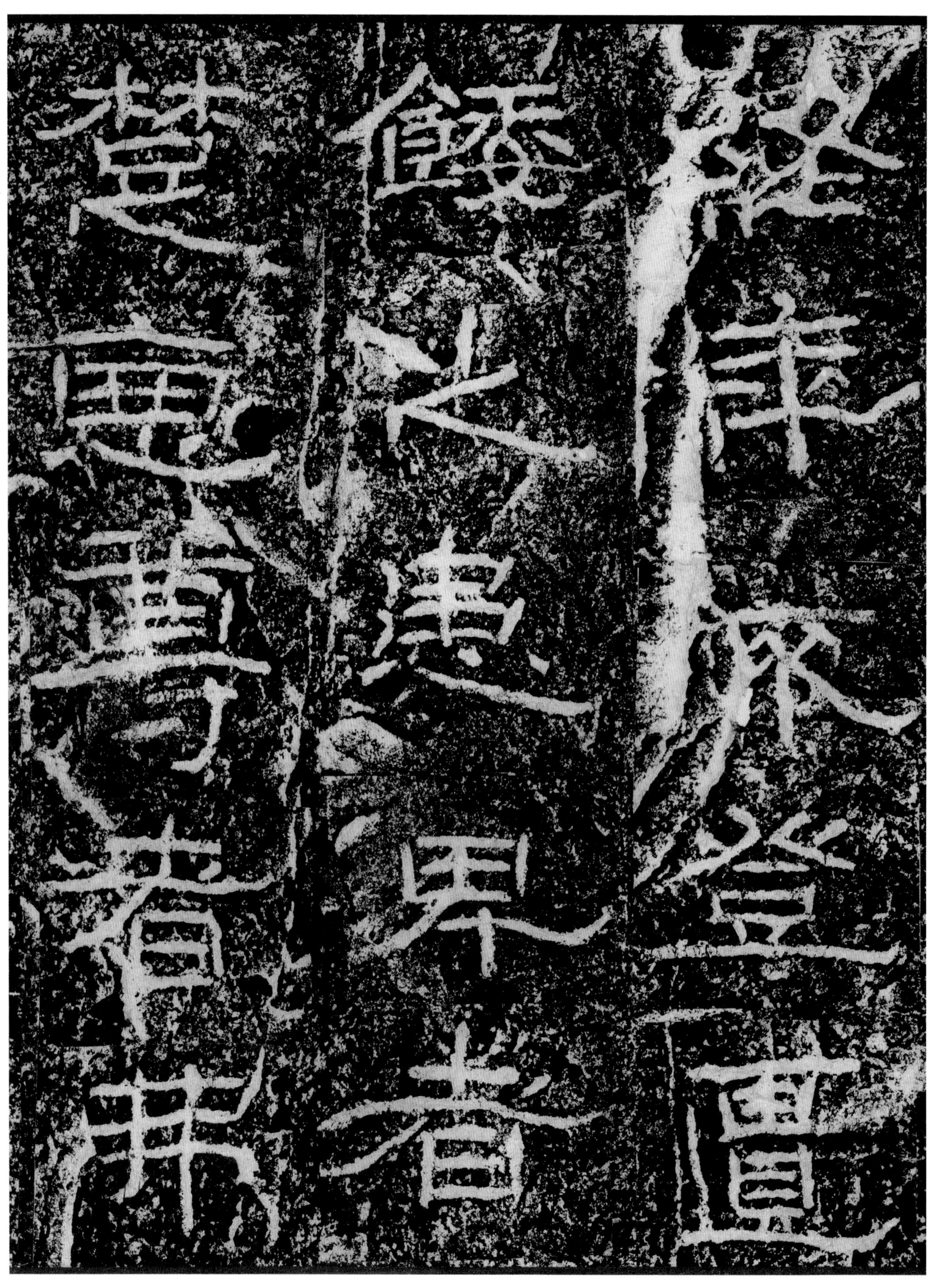

终年不登，匮餧（馁）之患。卑者楚恶，尊看弗

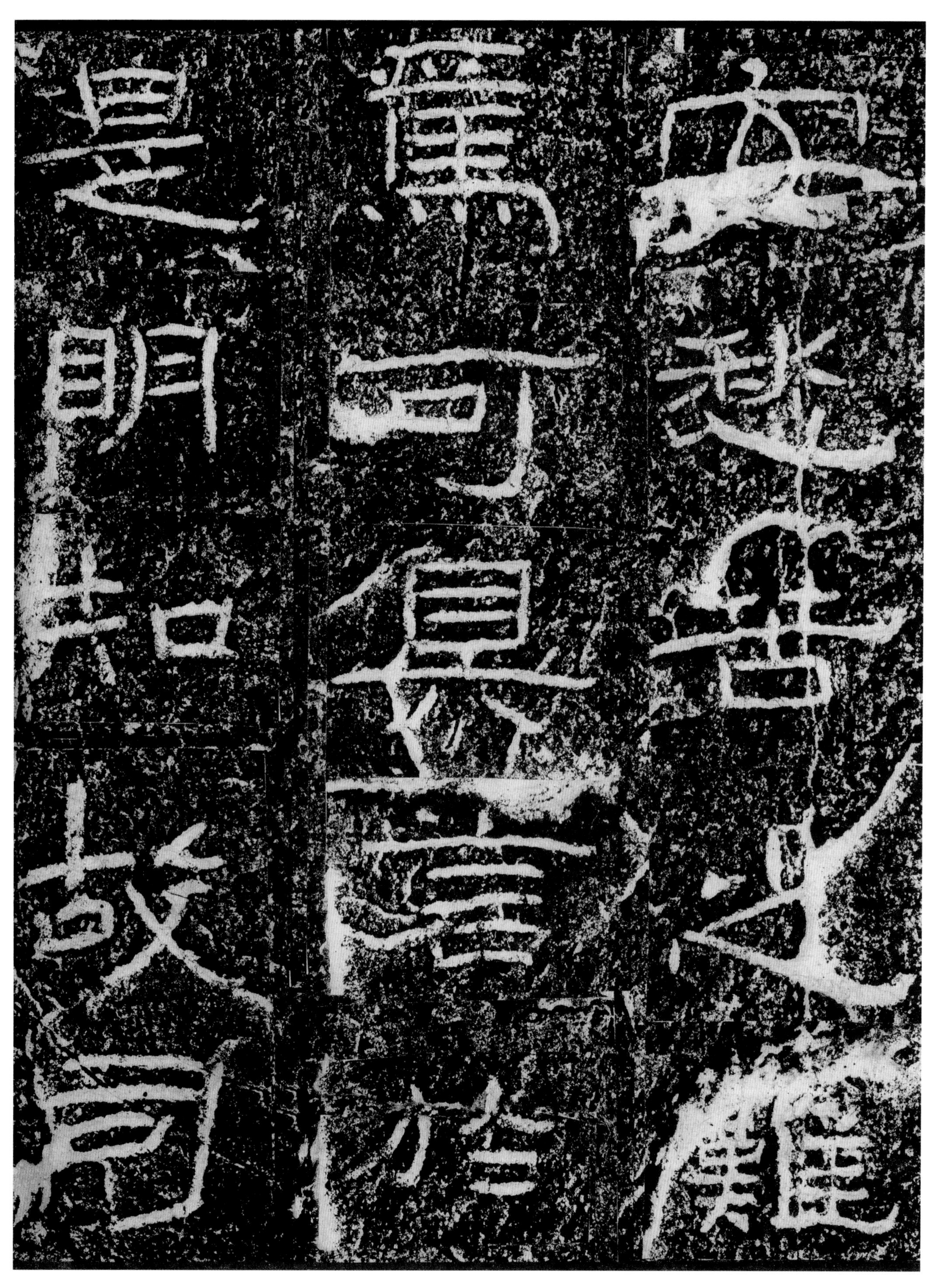

安。愁苦之难，焉可具言。于是明知故司

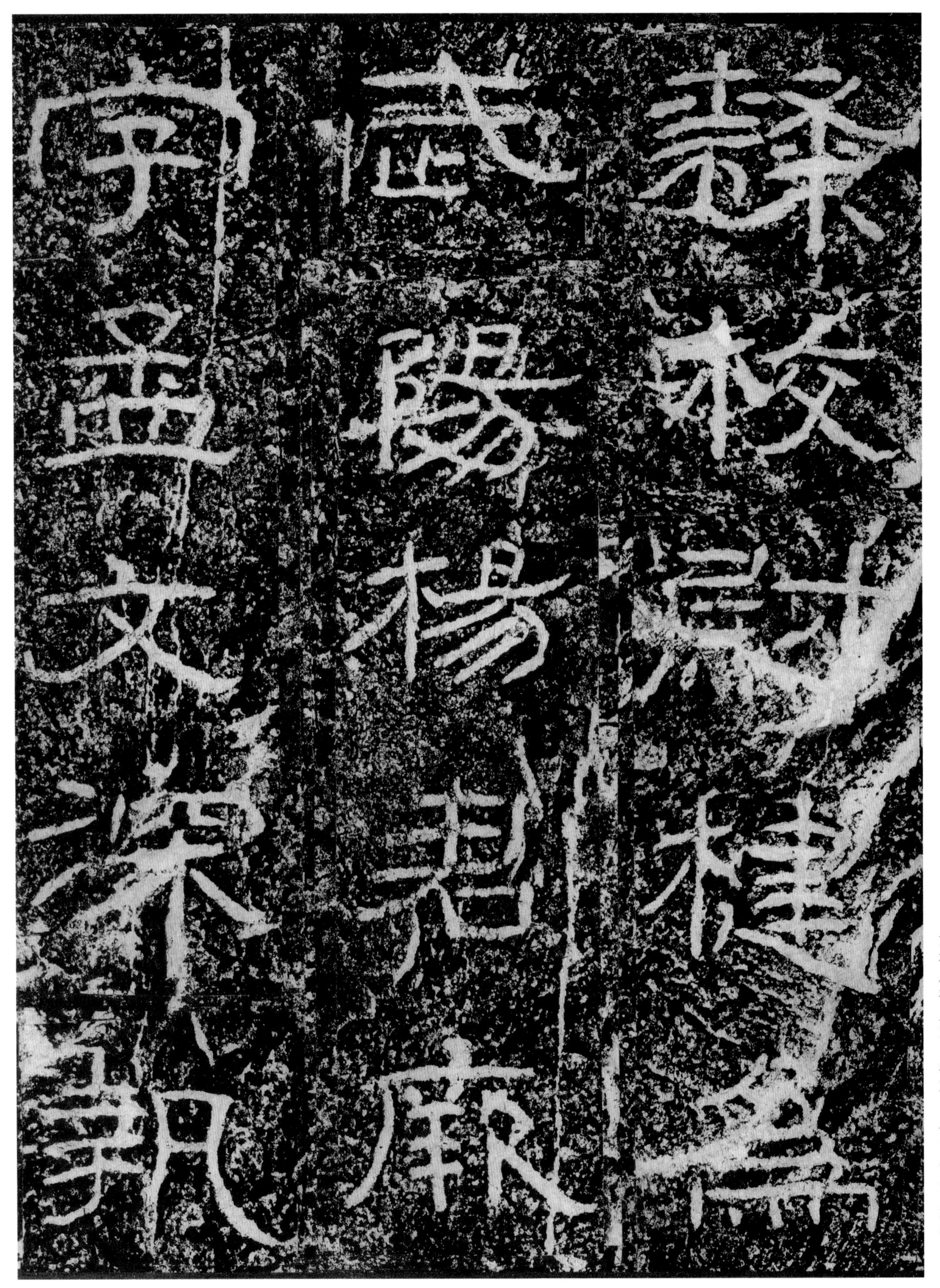

隶校尉楗为武阳杨君，厥字孟文，深执

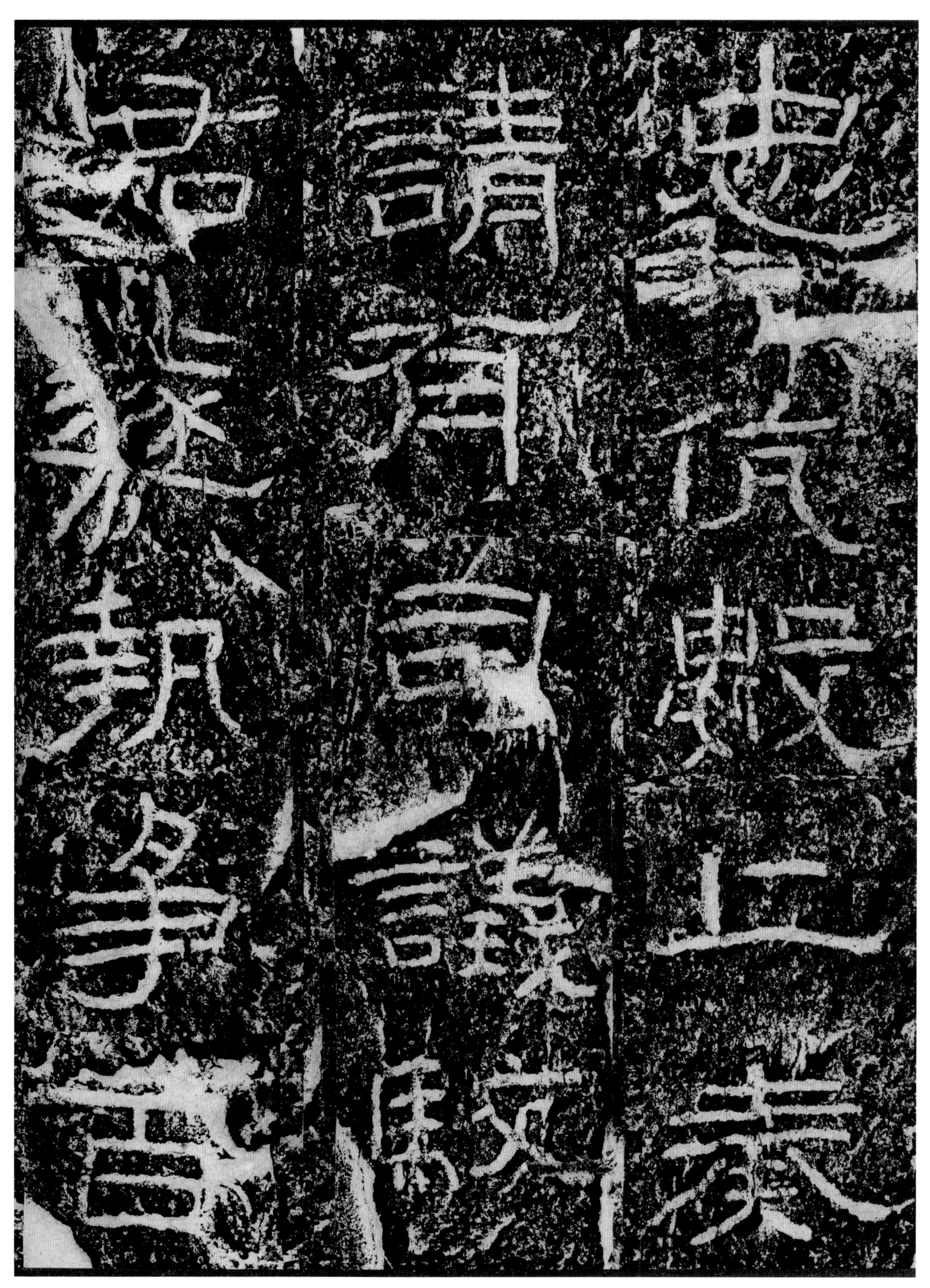

忠伉，数上奏请。有司议驳，君遂执争。百

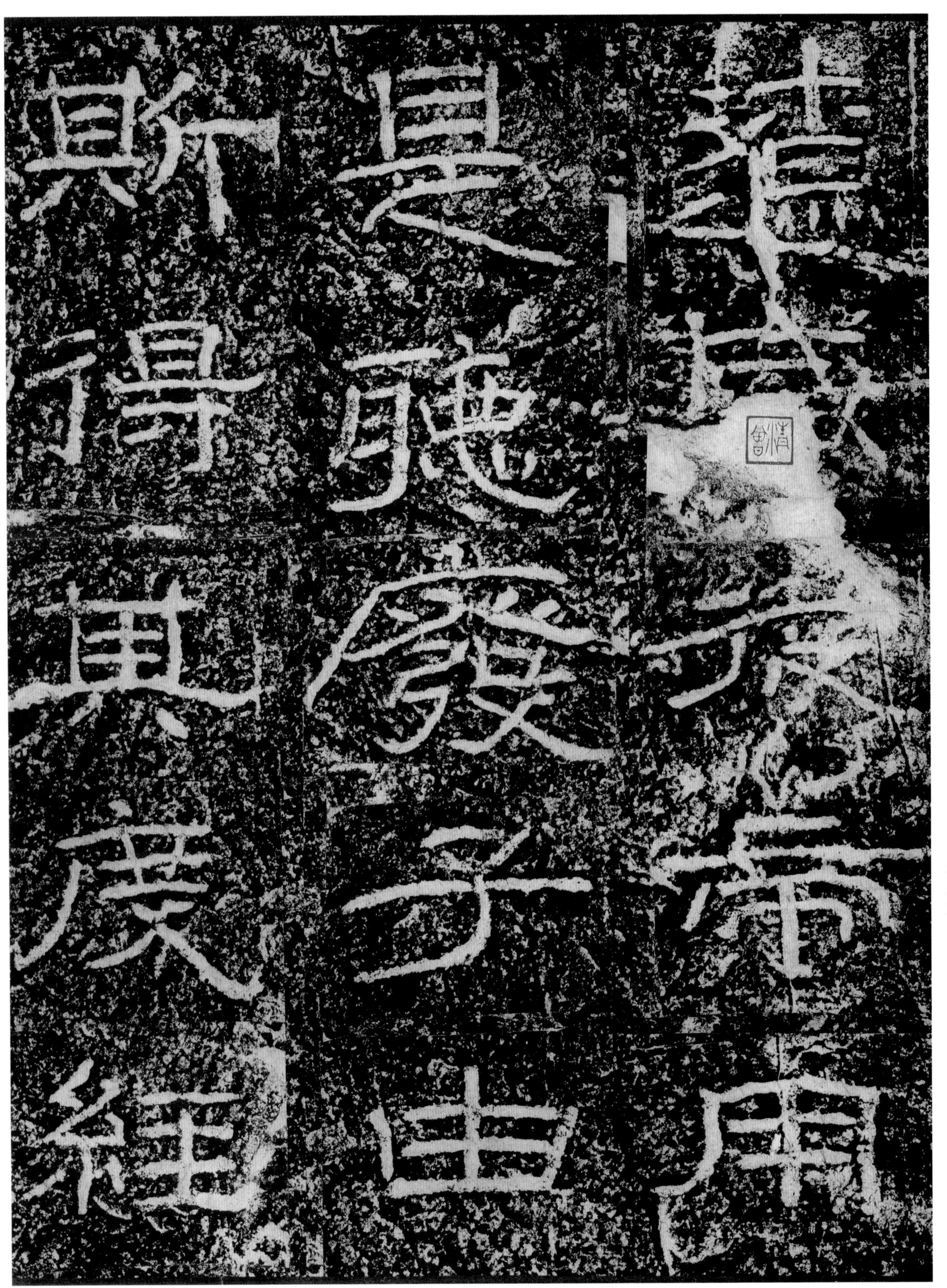

辽（僚）咸从，帝用是听。废子由斯，得其度经。

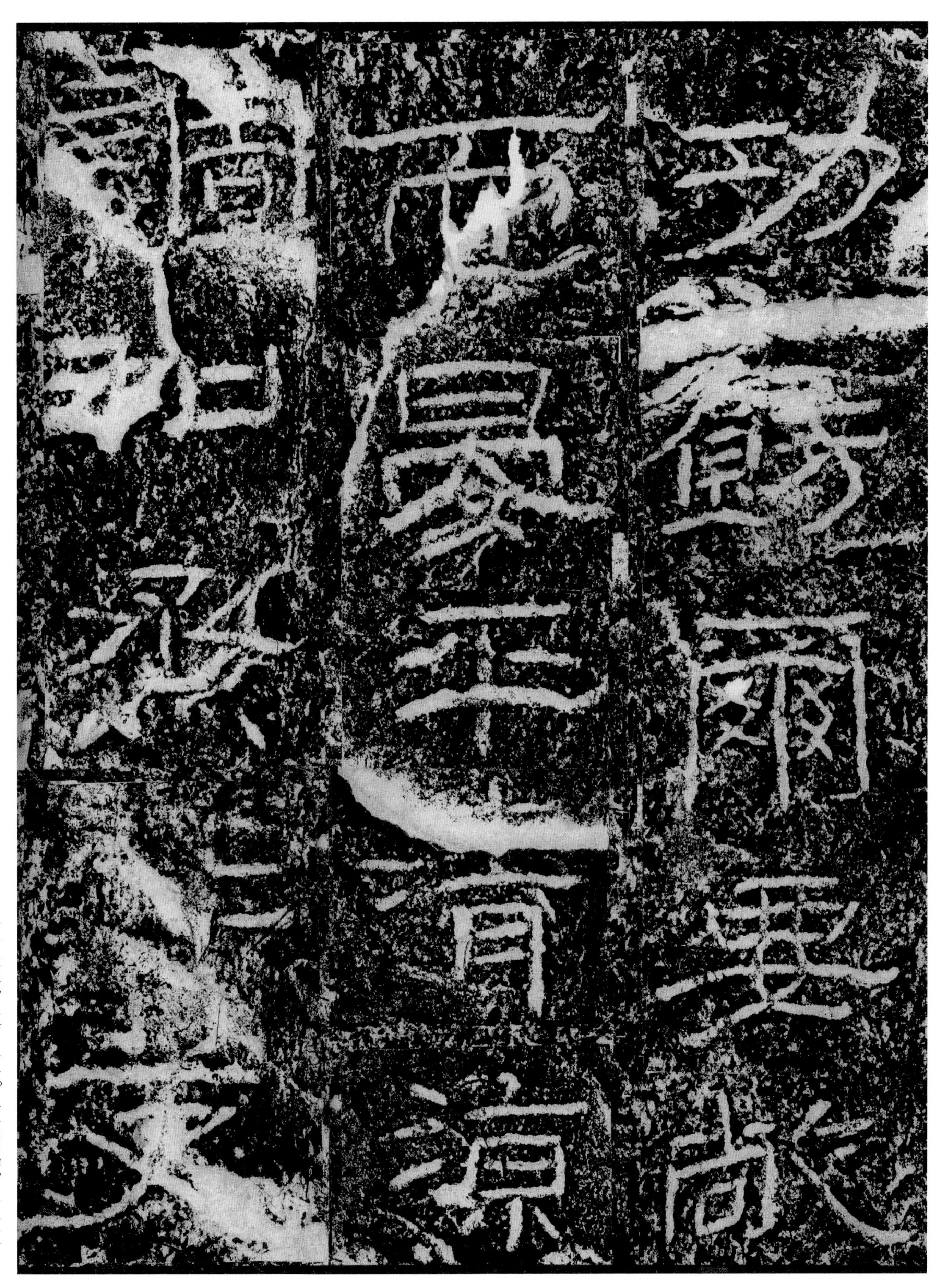

功饬尔要，敞而晏平。清凉调和，烝烝艾

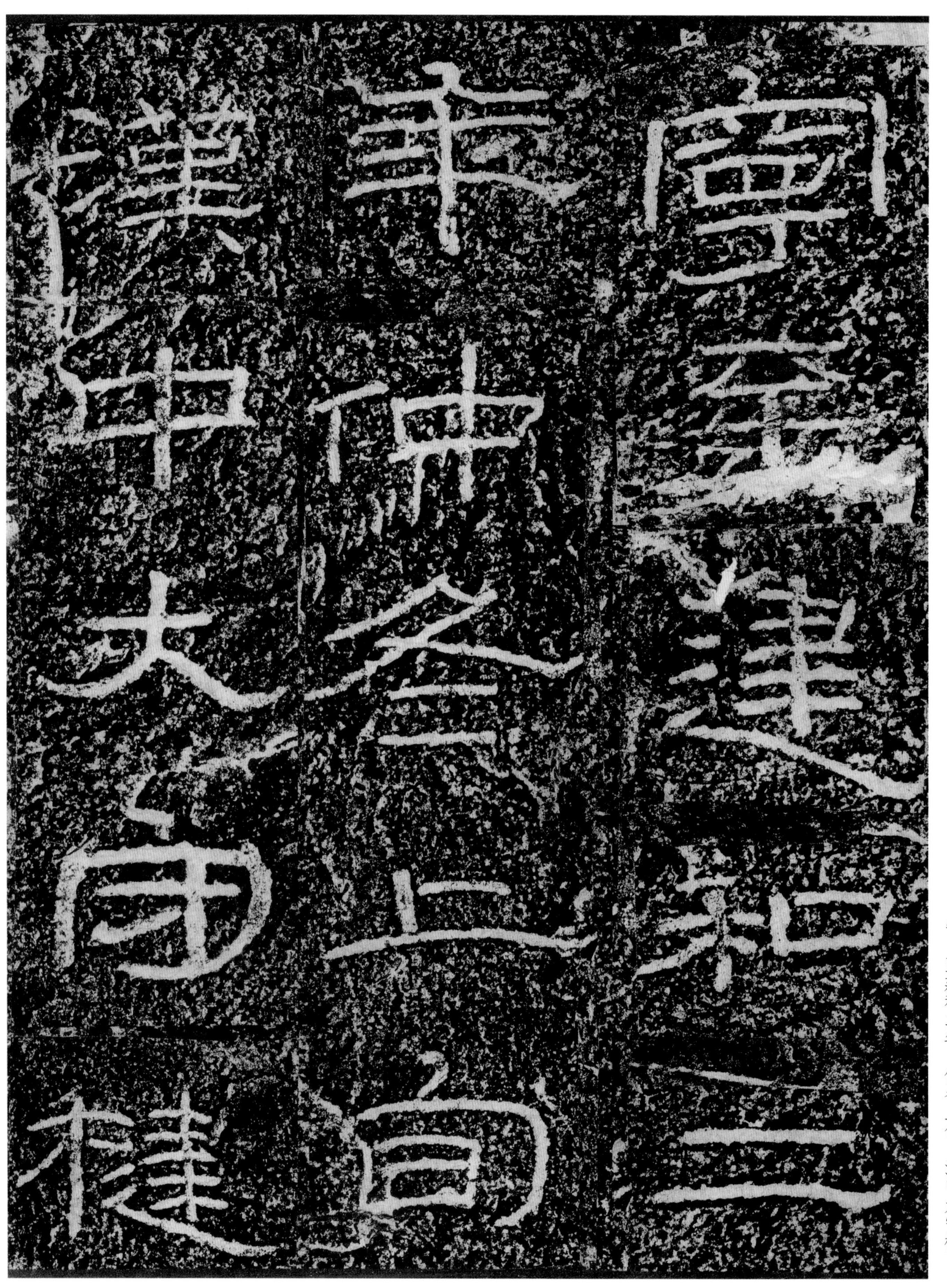

宁。至建和二年，仲冬上旬，汉中太守楗

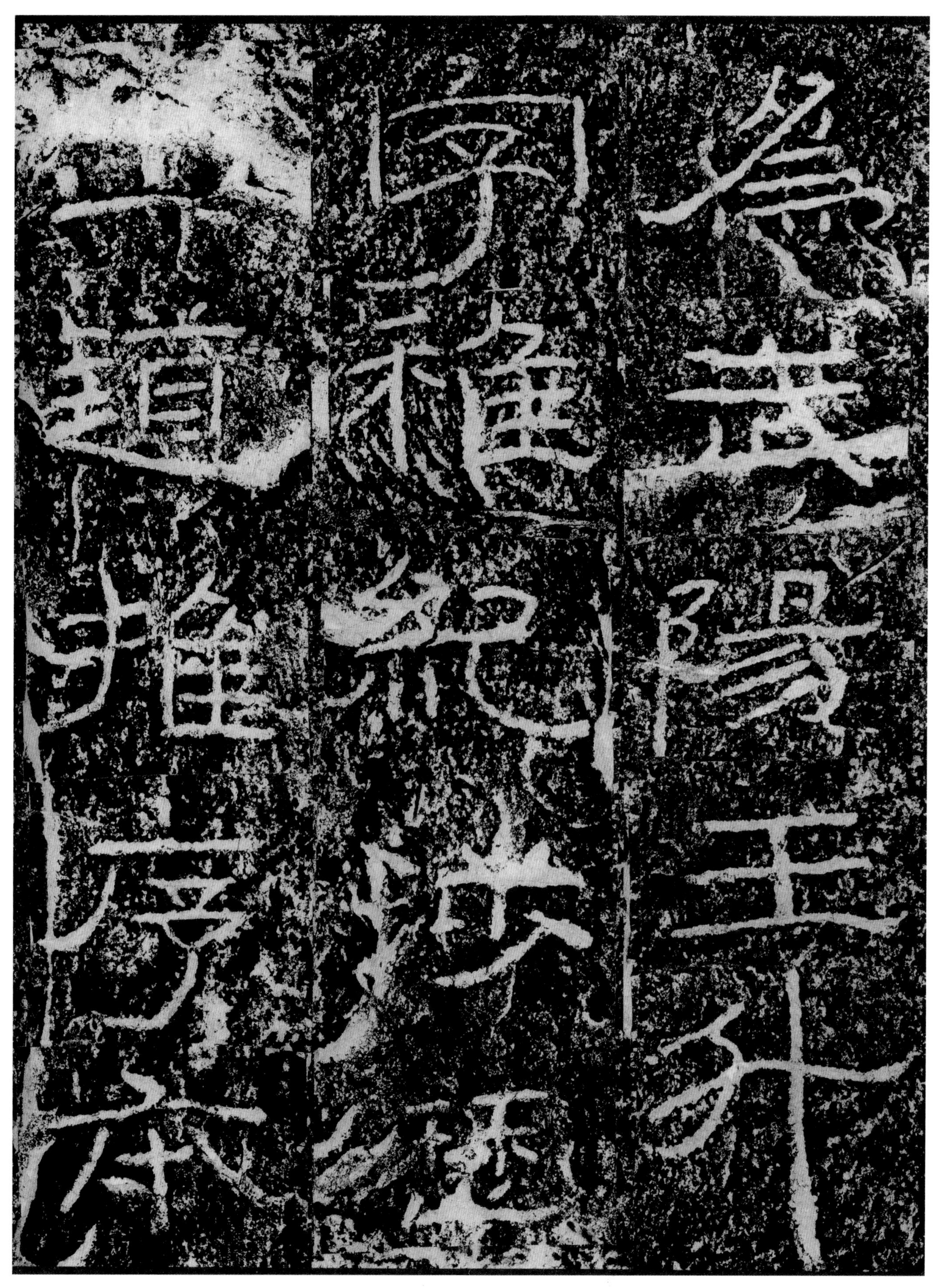

为武阳王升，字稚纪，涉历山道，推序本

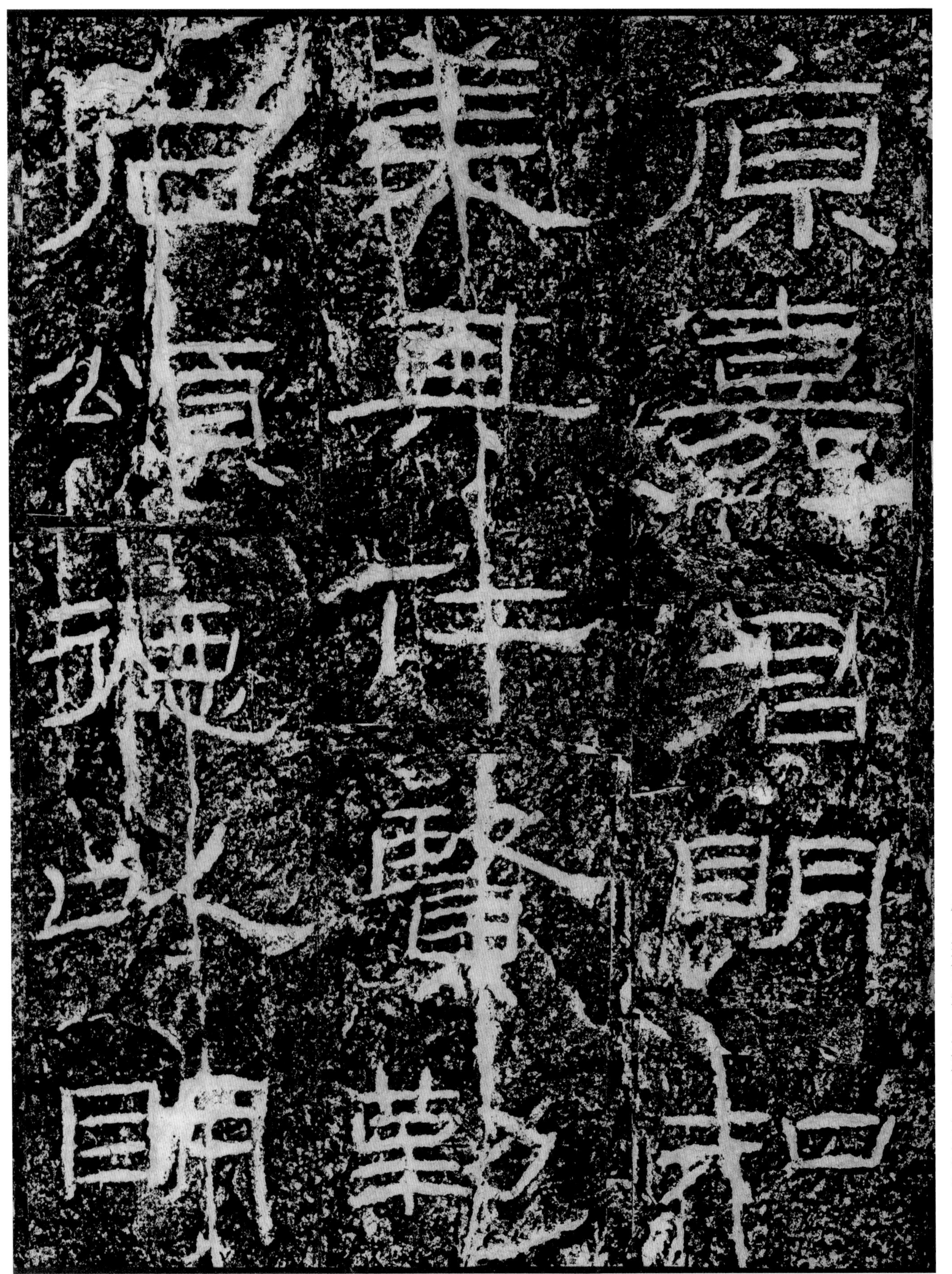

原。嘉君明知，美其仁贤。勒石颂德，以明

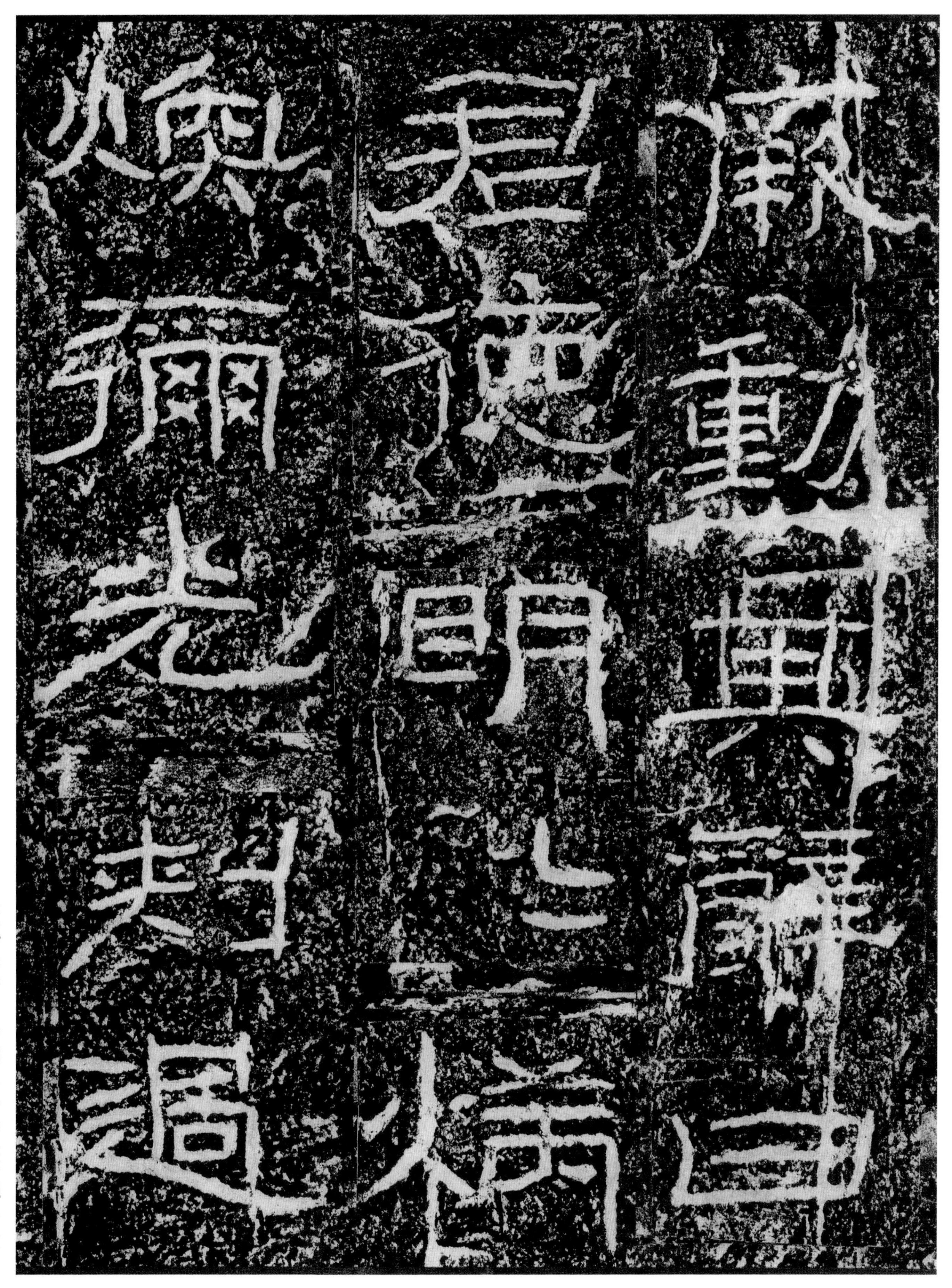

厥勋。其辞曰：君德明明，炳焕弥光。刺过

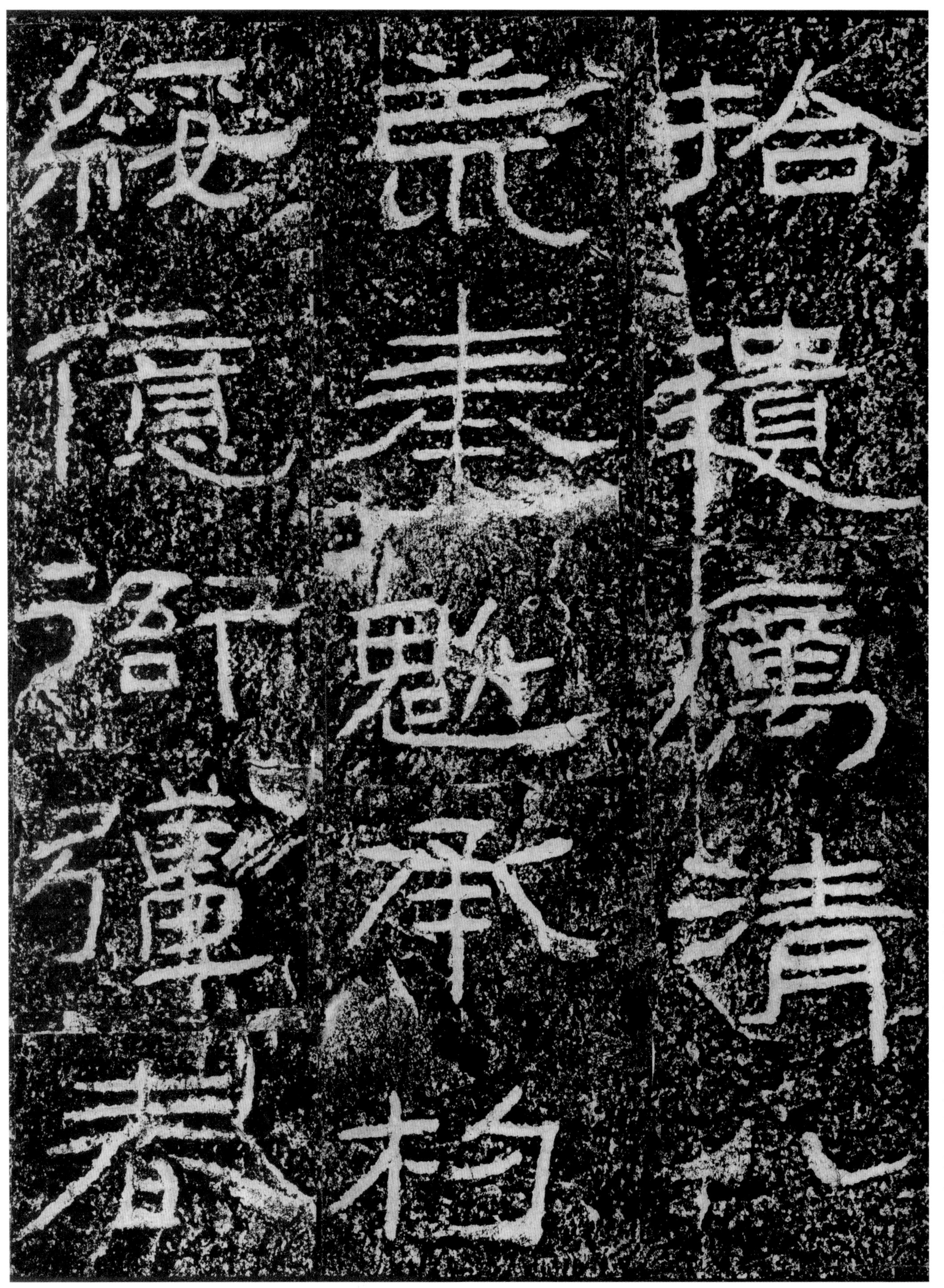

拾遗，厉清八荒。奉魁承杓，绥亿衙轥。春

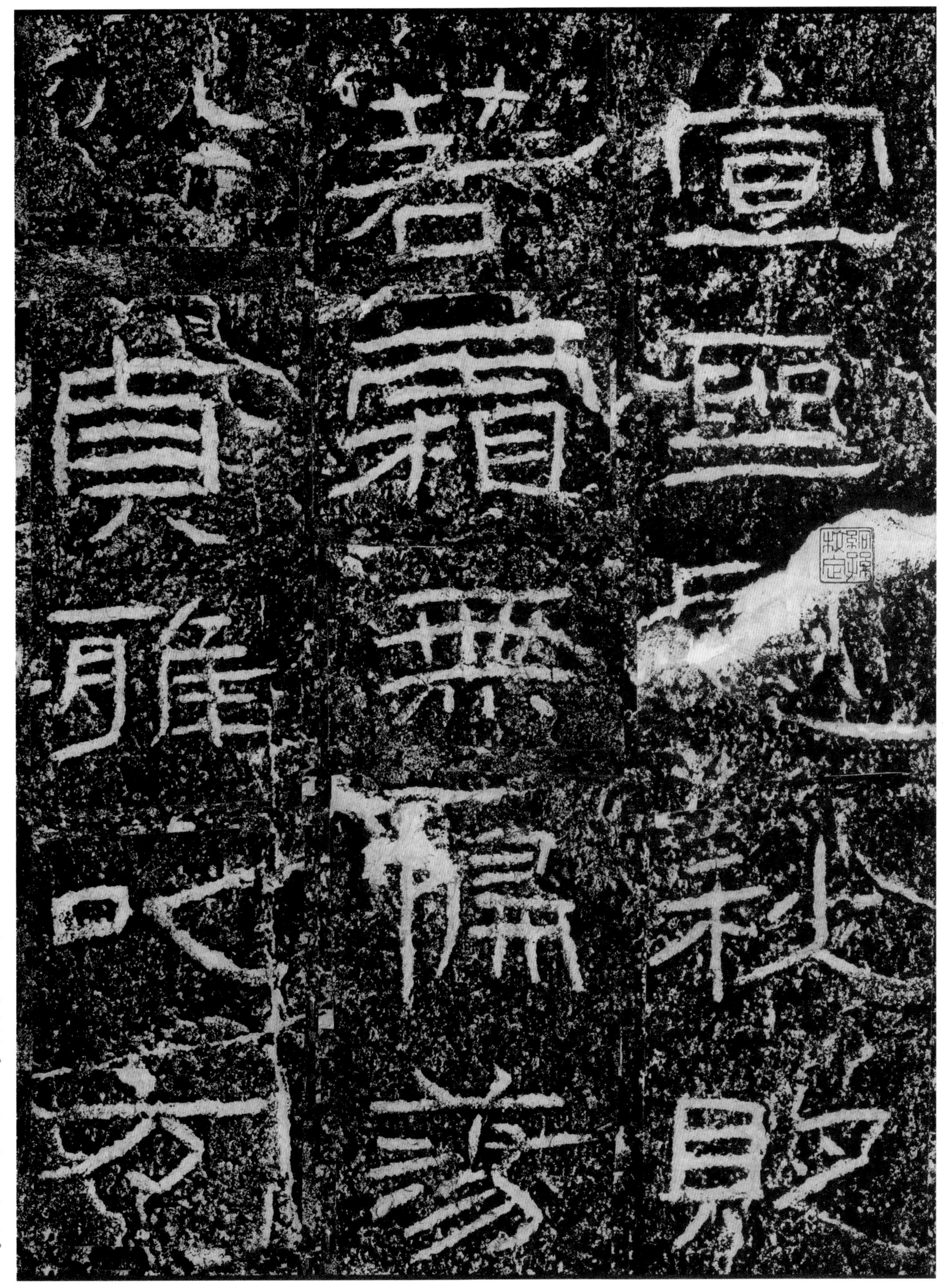

宣圣恩，秋贬若霜。无偏荡荡，贞雅以方。

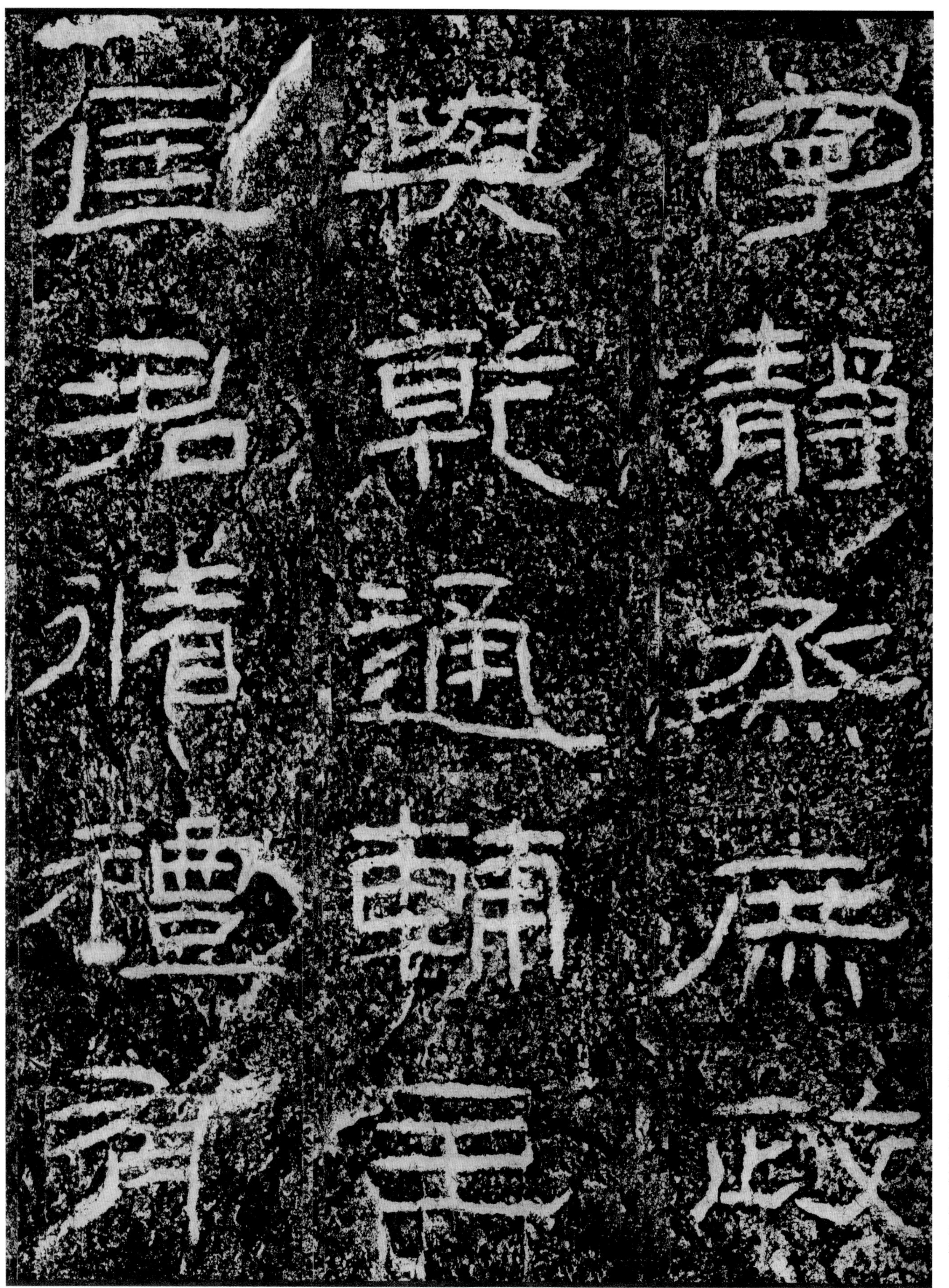

宁静烝庶，政与乾通，辅主匡君，循礼有

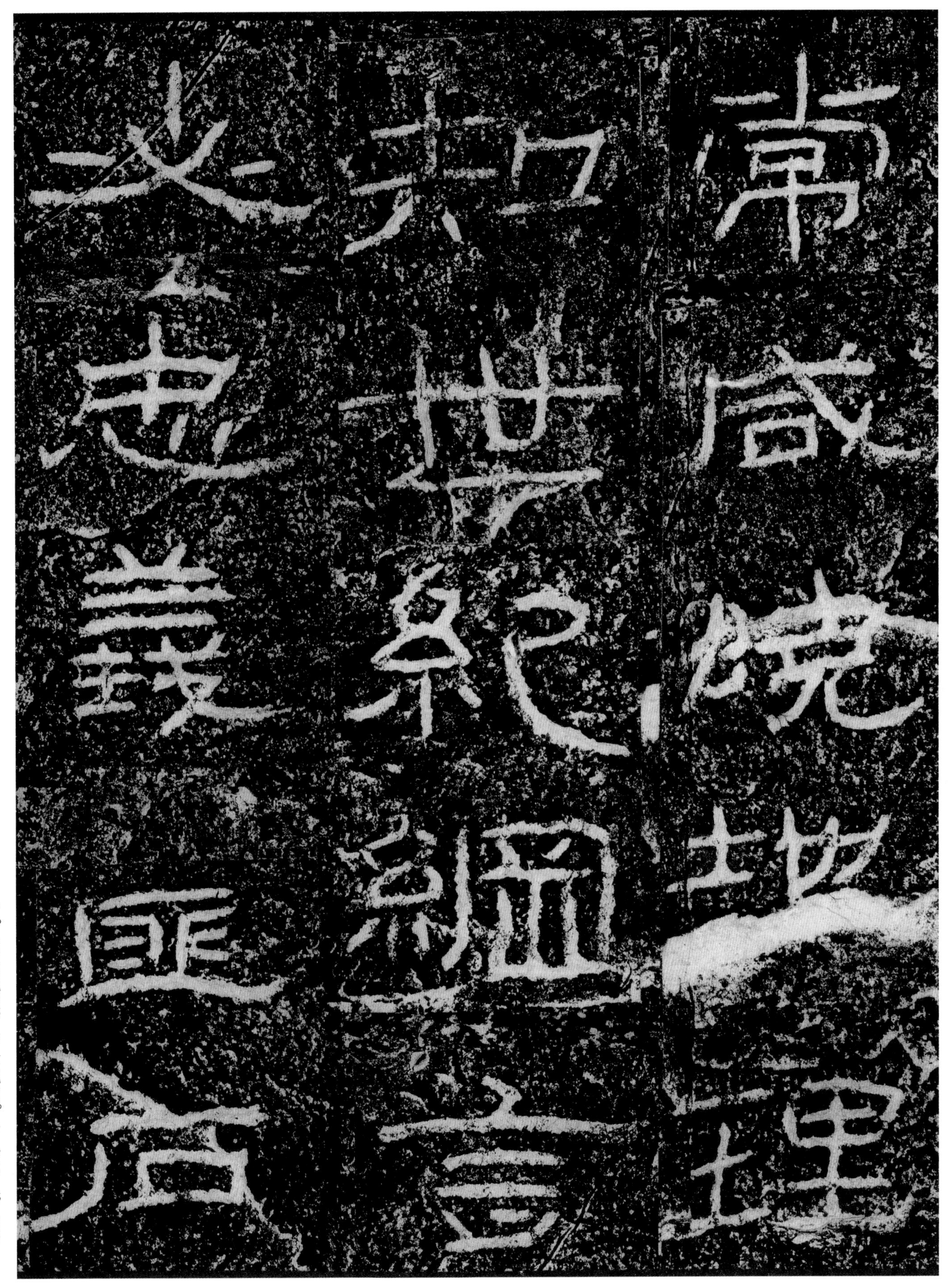

常。咸晓地理，知世纪纲。言必忠义，匪石

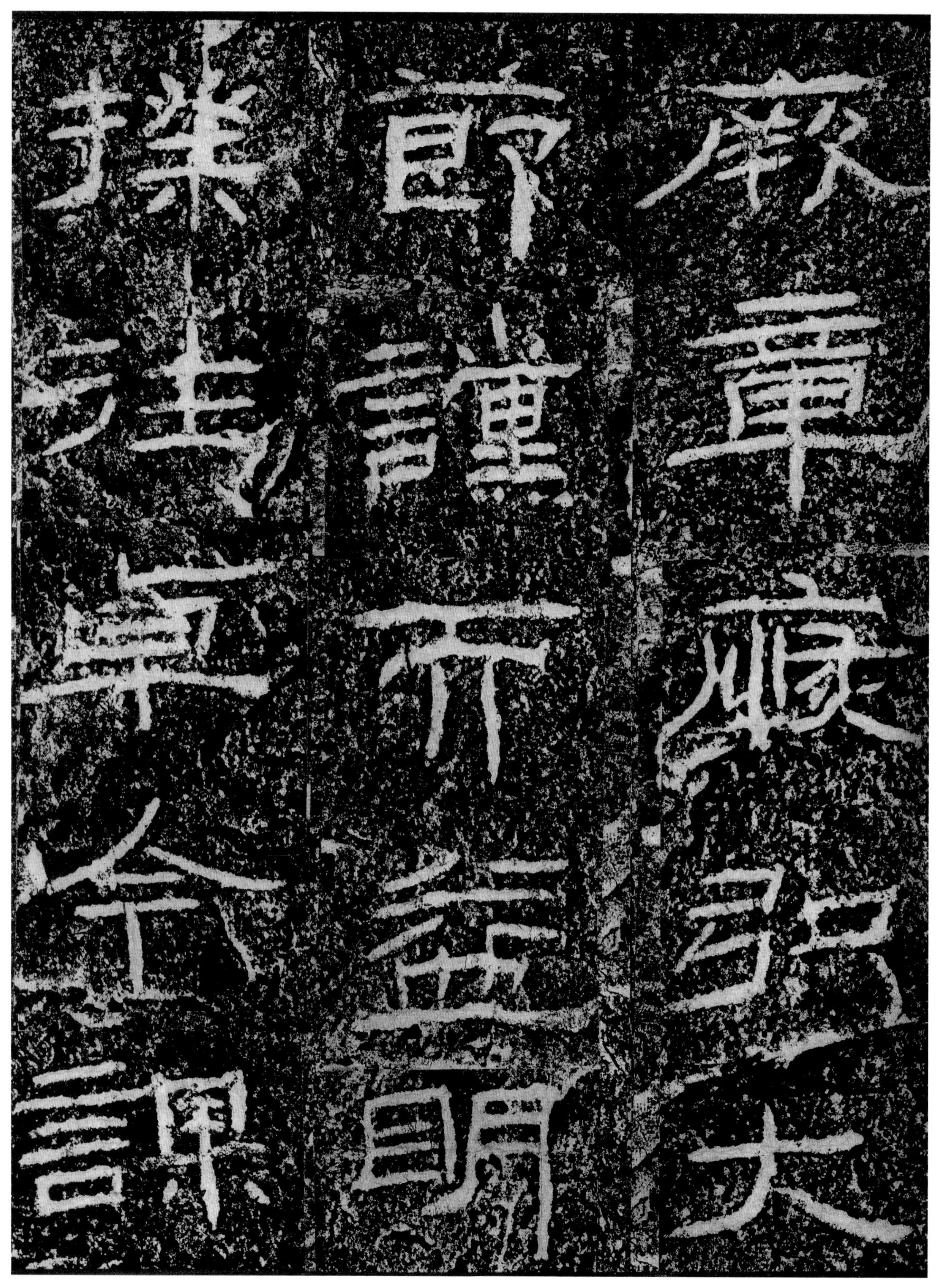

厥章。恢弘大节，谠而益明。揆往卓今，谋

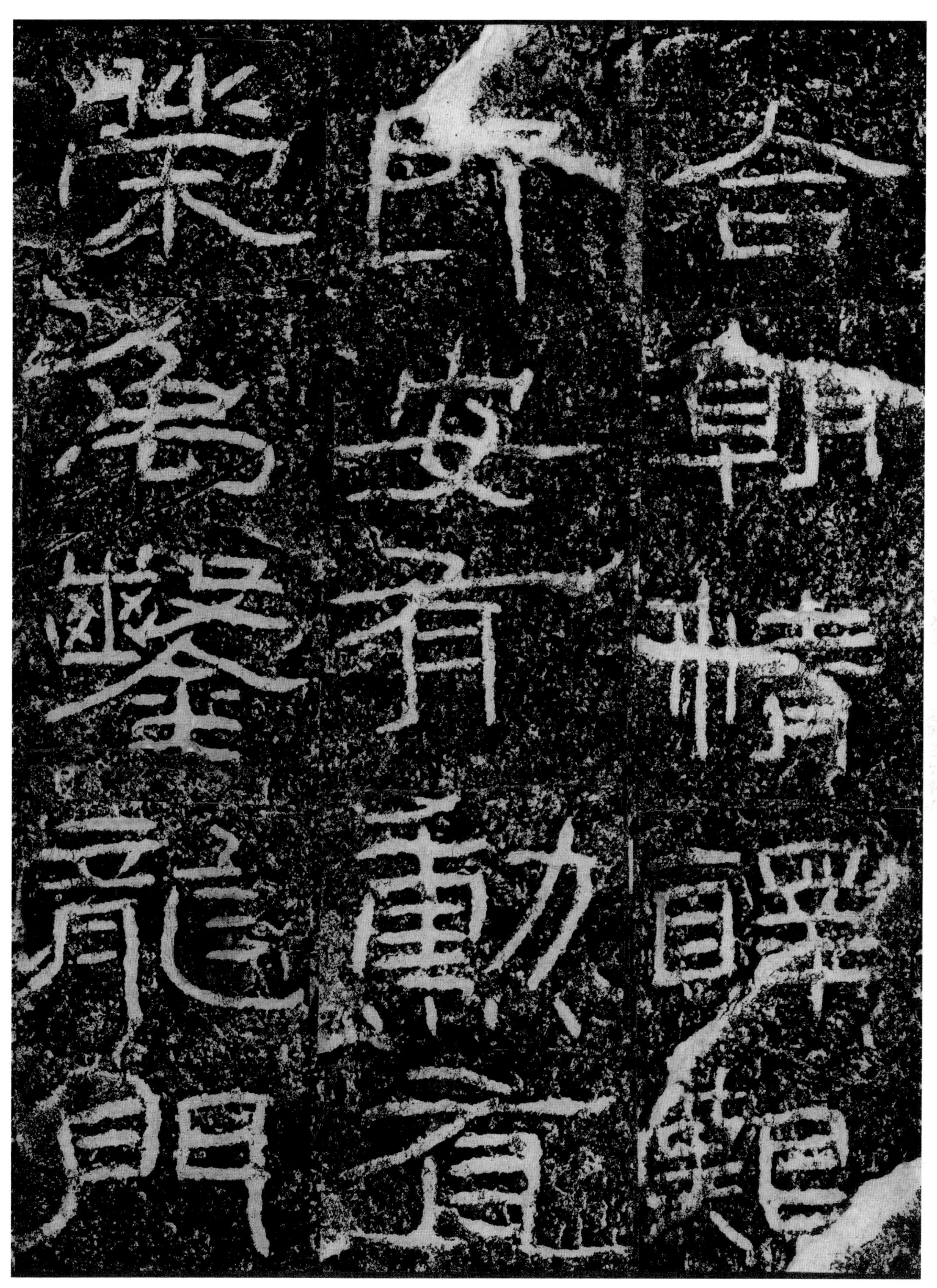

合朝情。释艰即安，有勋有荣。禹凿龙门，

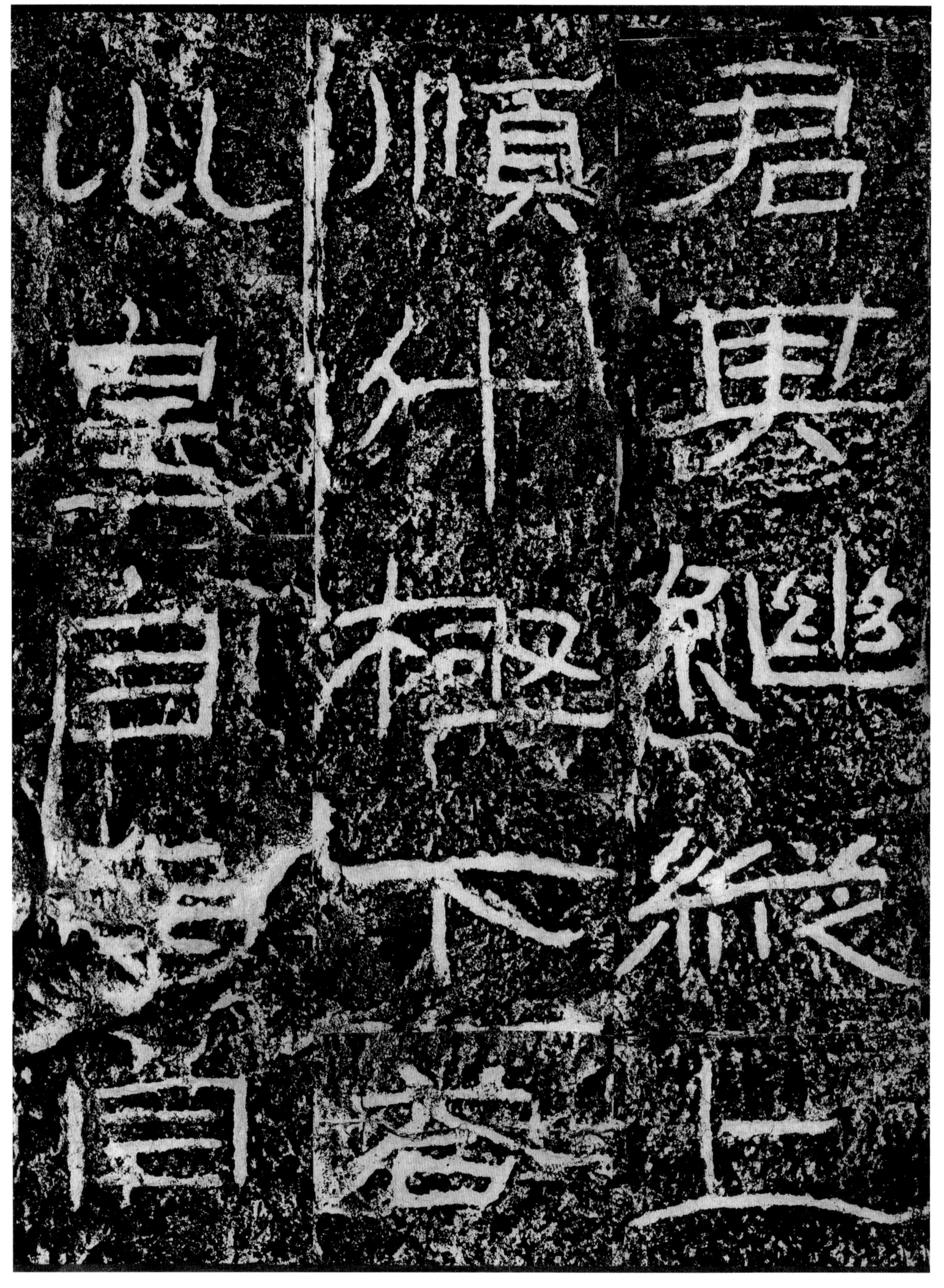

君其继纵。上顺斗极，下答巛（坤）皇。自南自

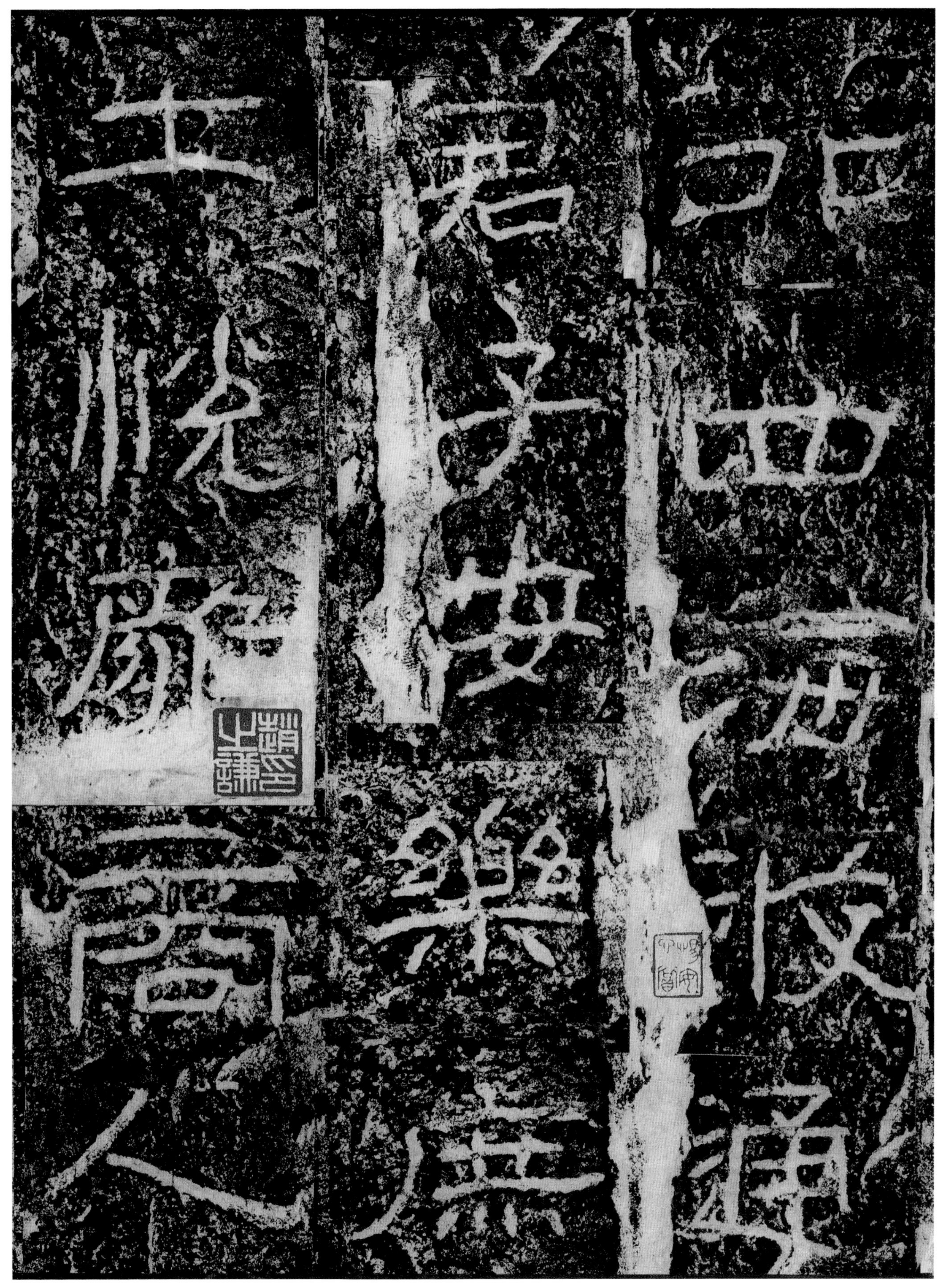

北，四海攸通。君子安乐，庶土悦雍。商人

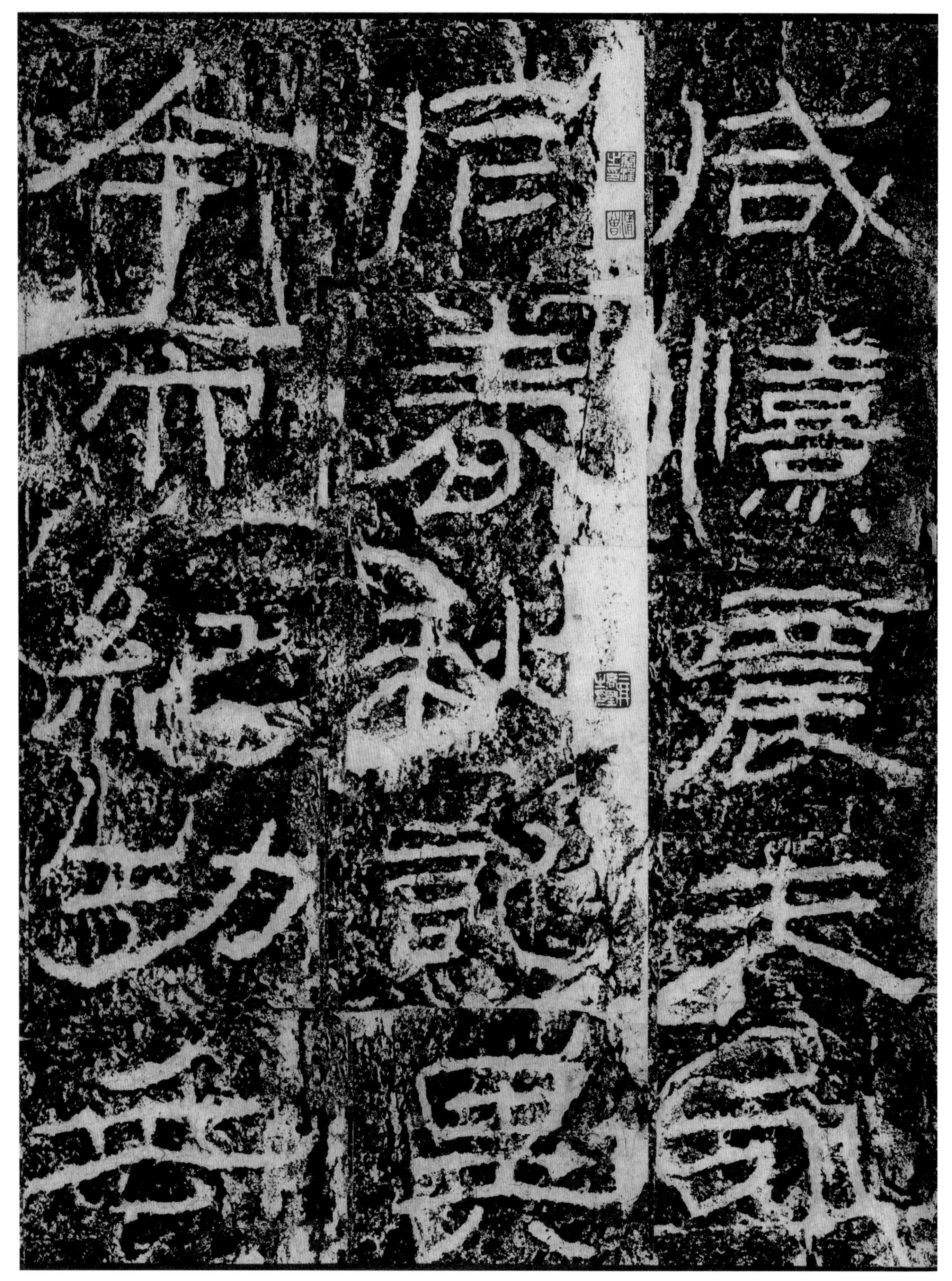

咸憘，农夫永同。《春秋》记异，今而纪功。垂

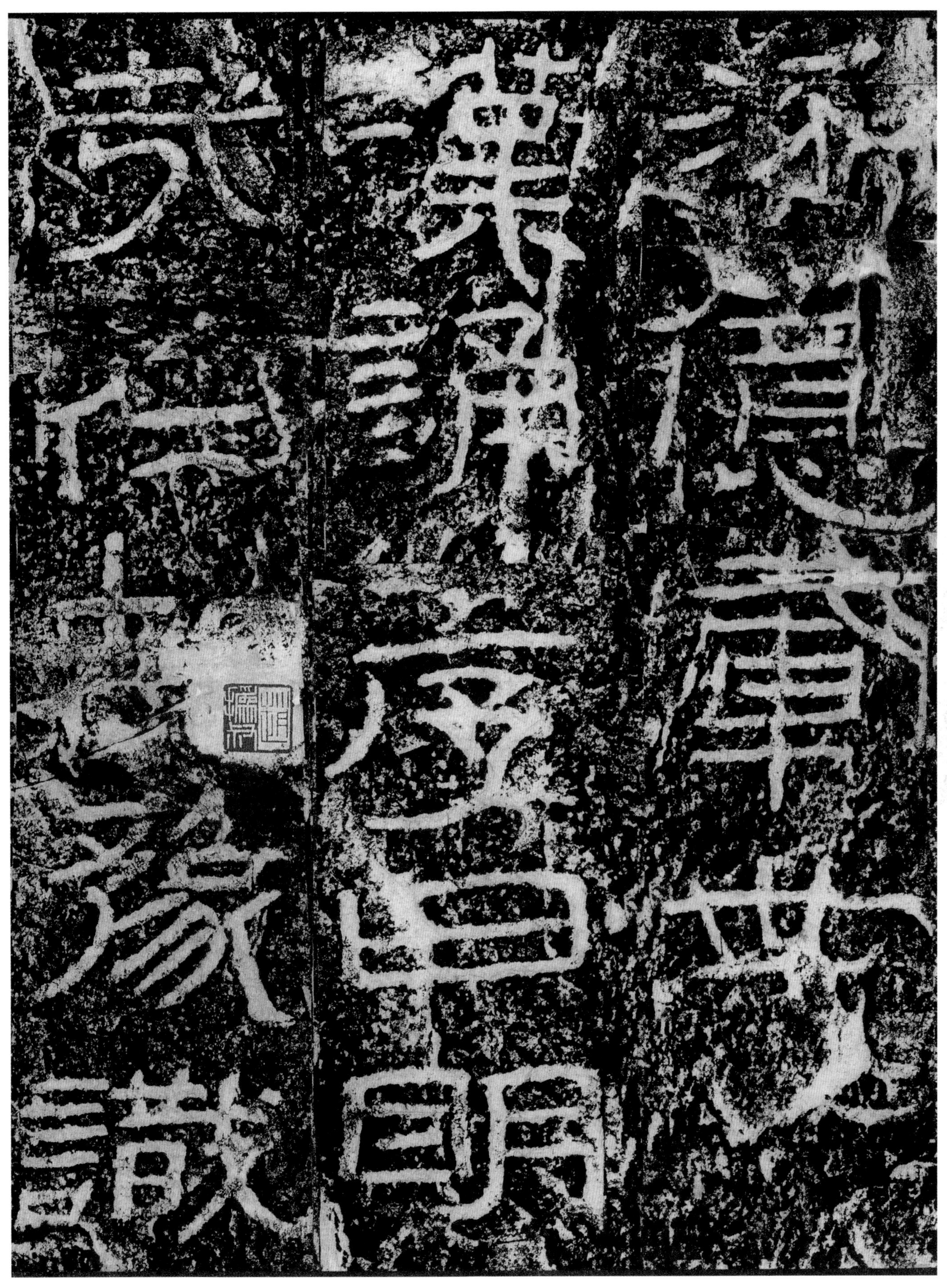

流亿载，世世叹诵。序曰：明哉仁知，豫识

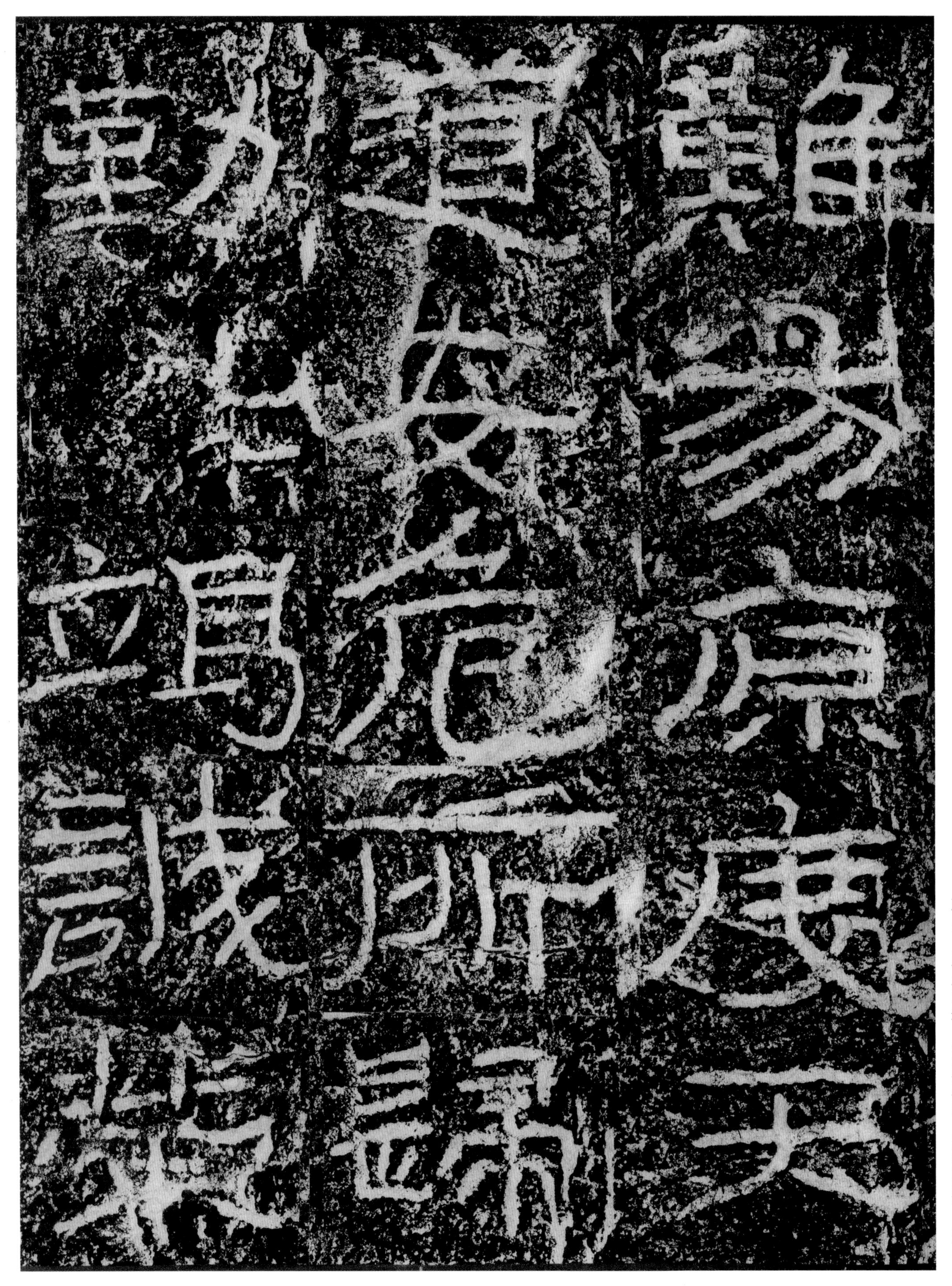

难易。原度天道，安危所归。勤勤竭诚，荣

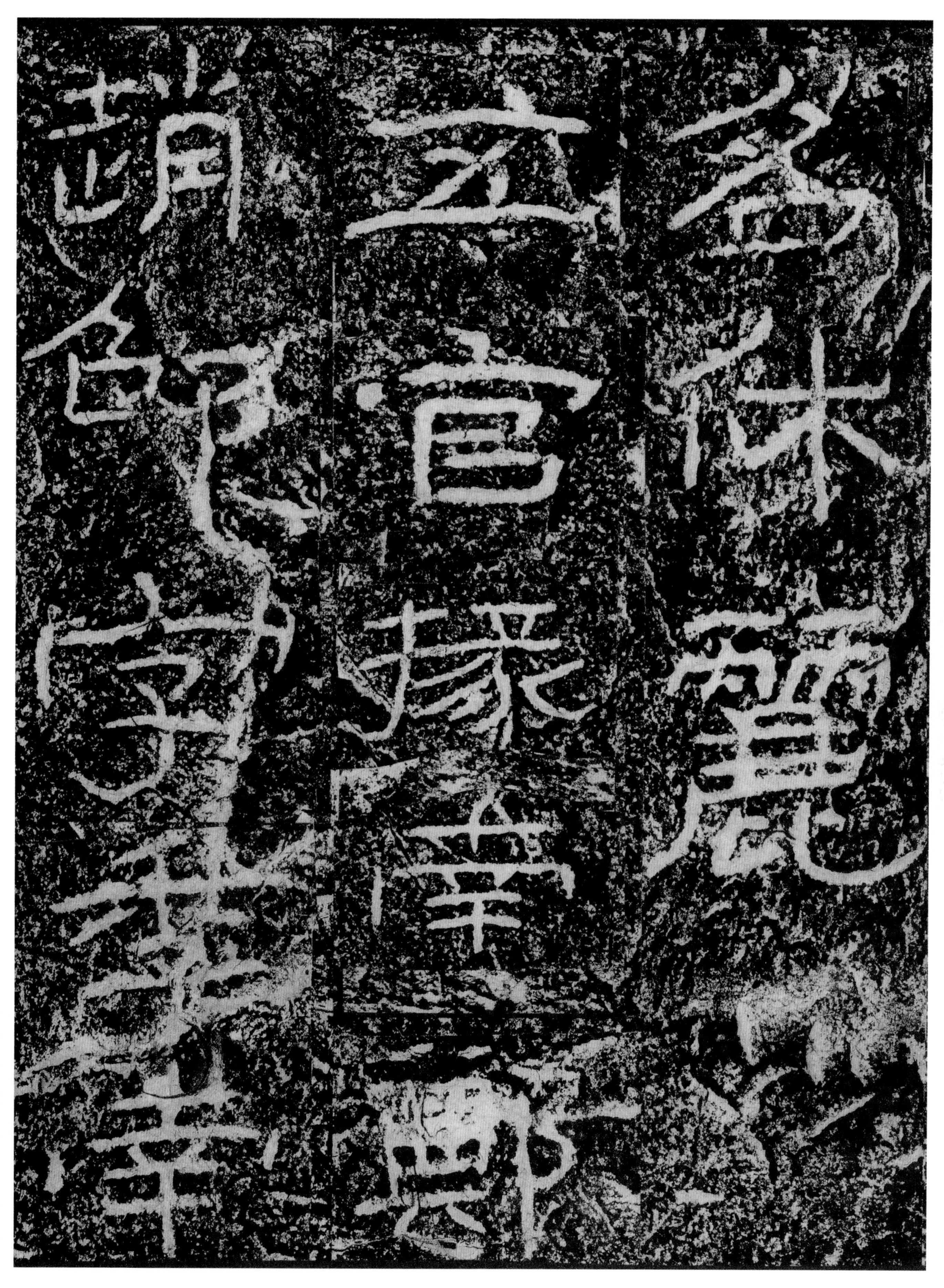

名休丽。五官掾南郑赵邵字季南，

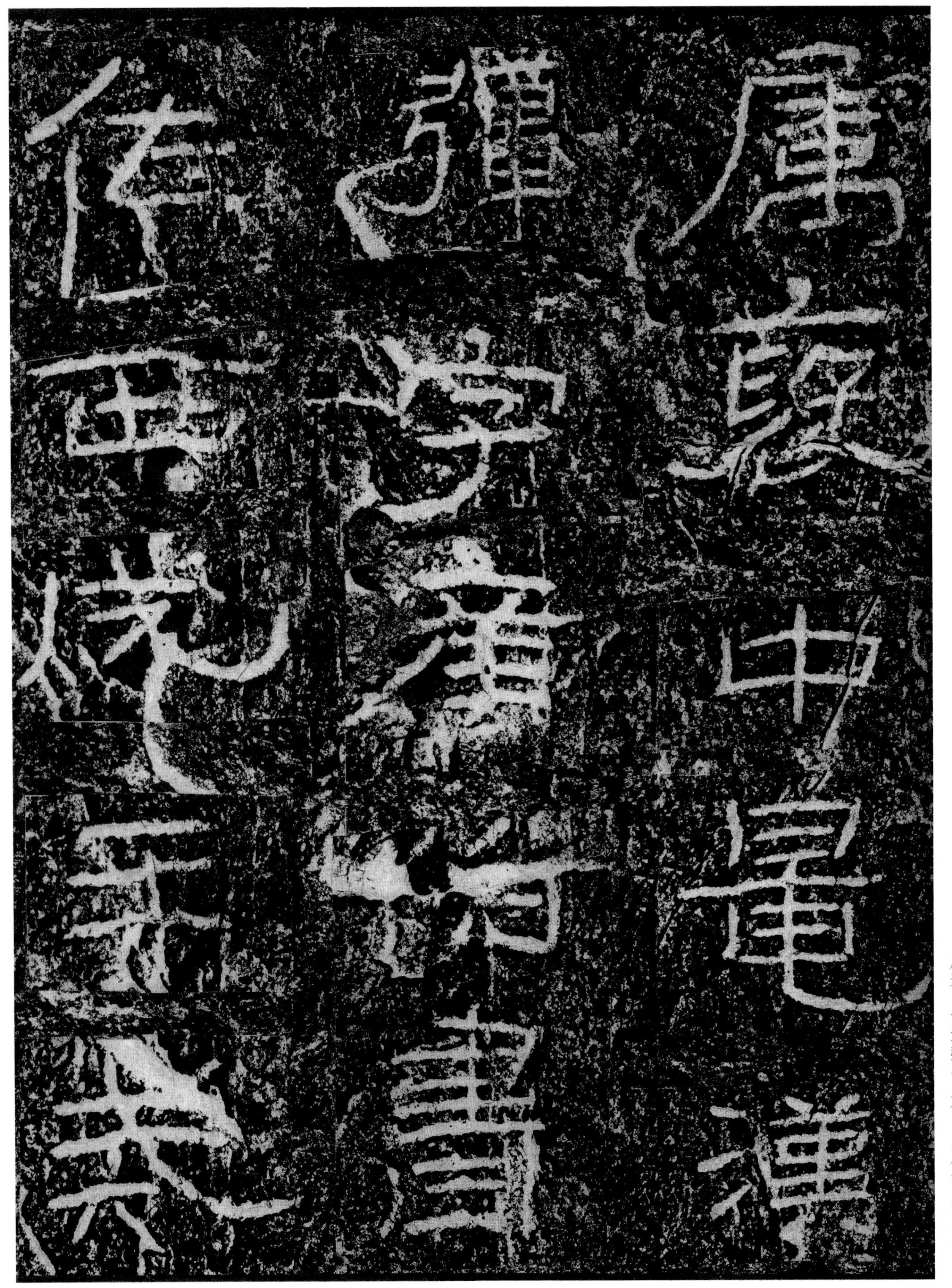

属褒中亹汉藿字产伯，书佐西成王戒

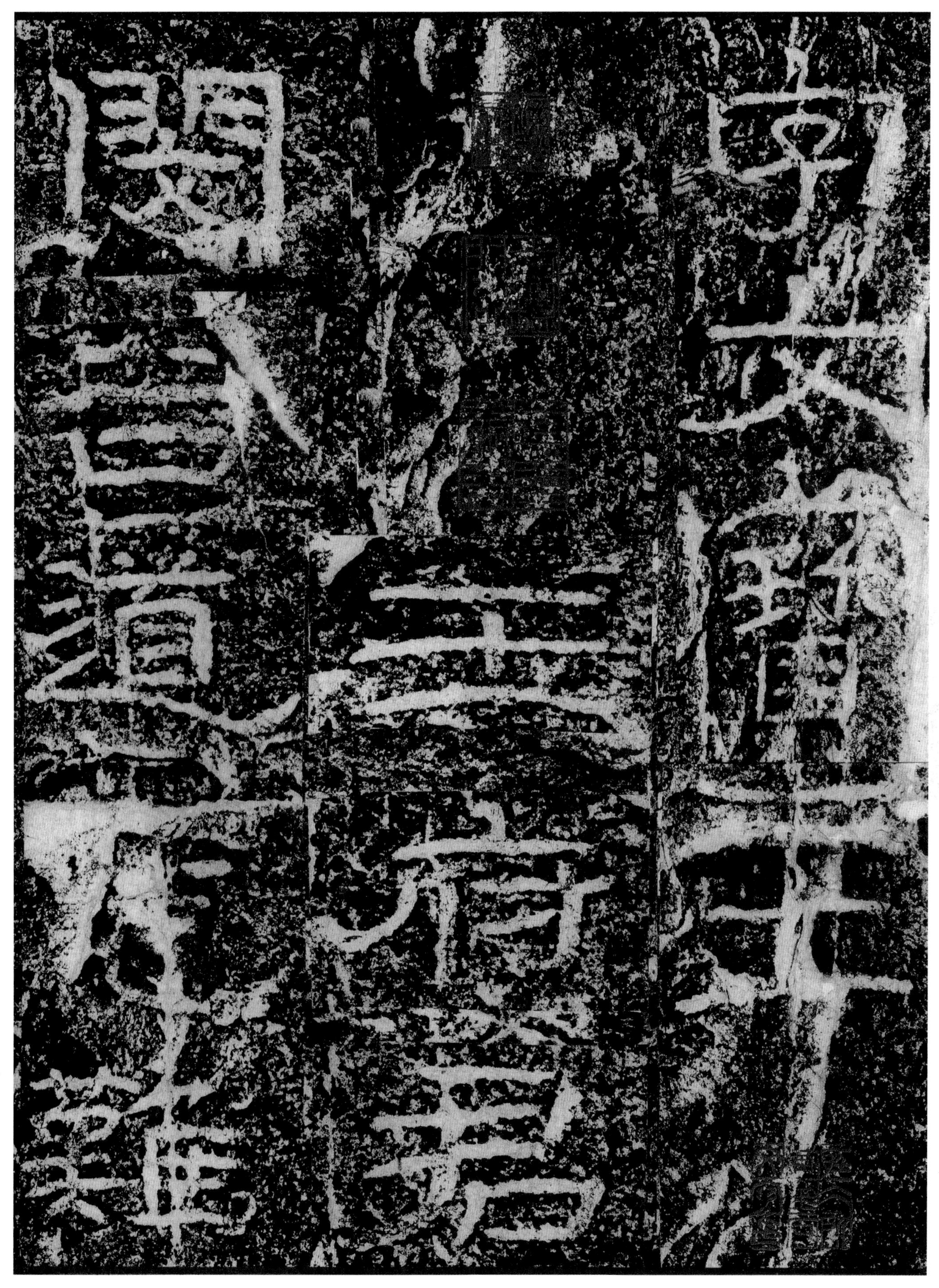

宇文宝主。王府君闵谷道危难，

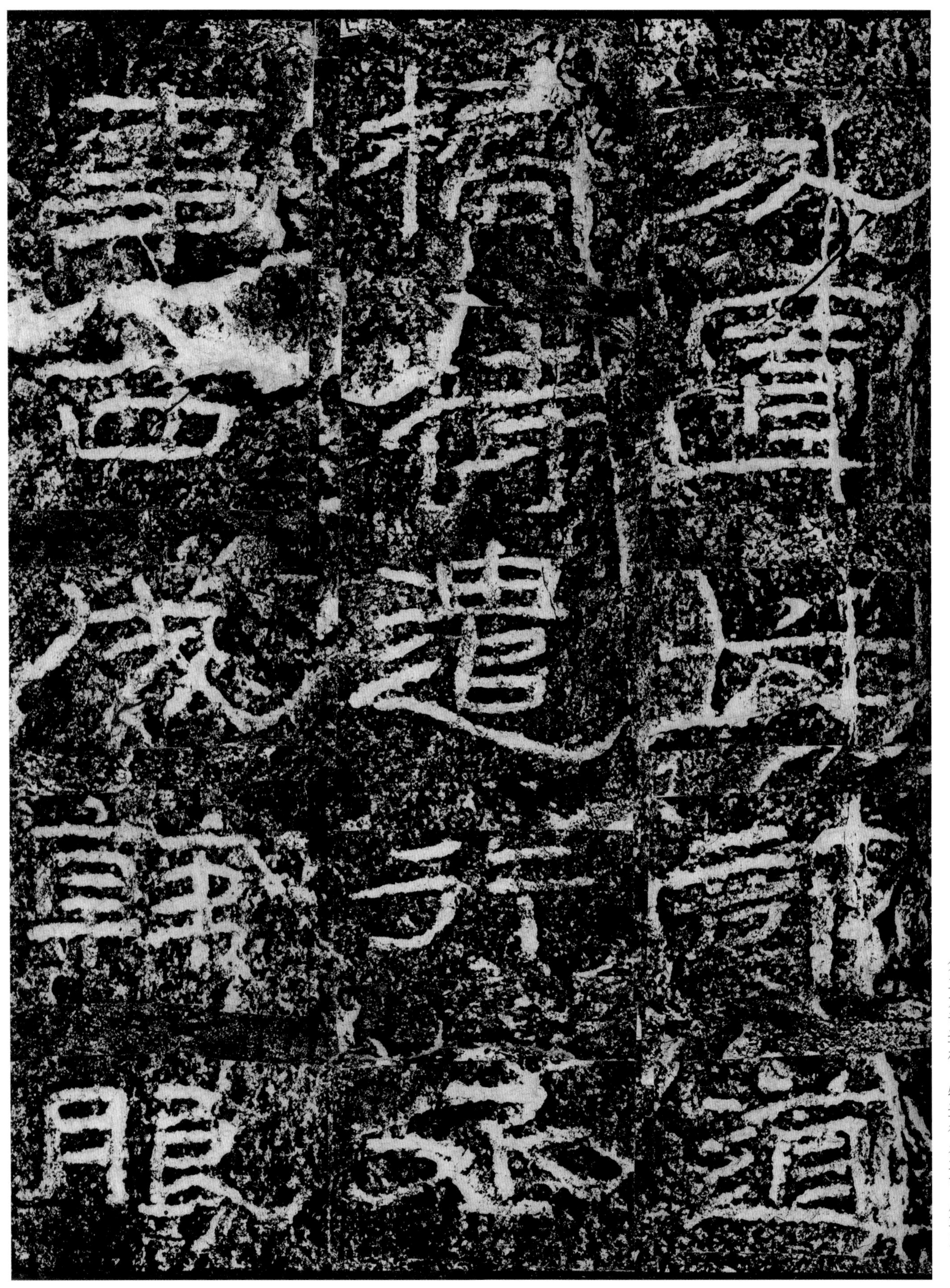

分置六部道桥，特遣行丞事西成韩朗

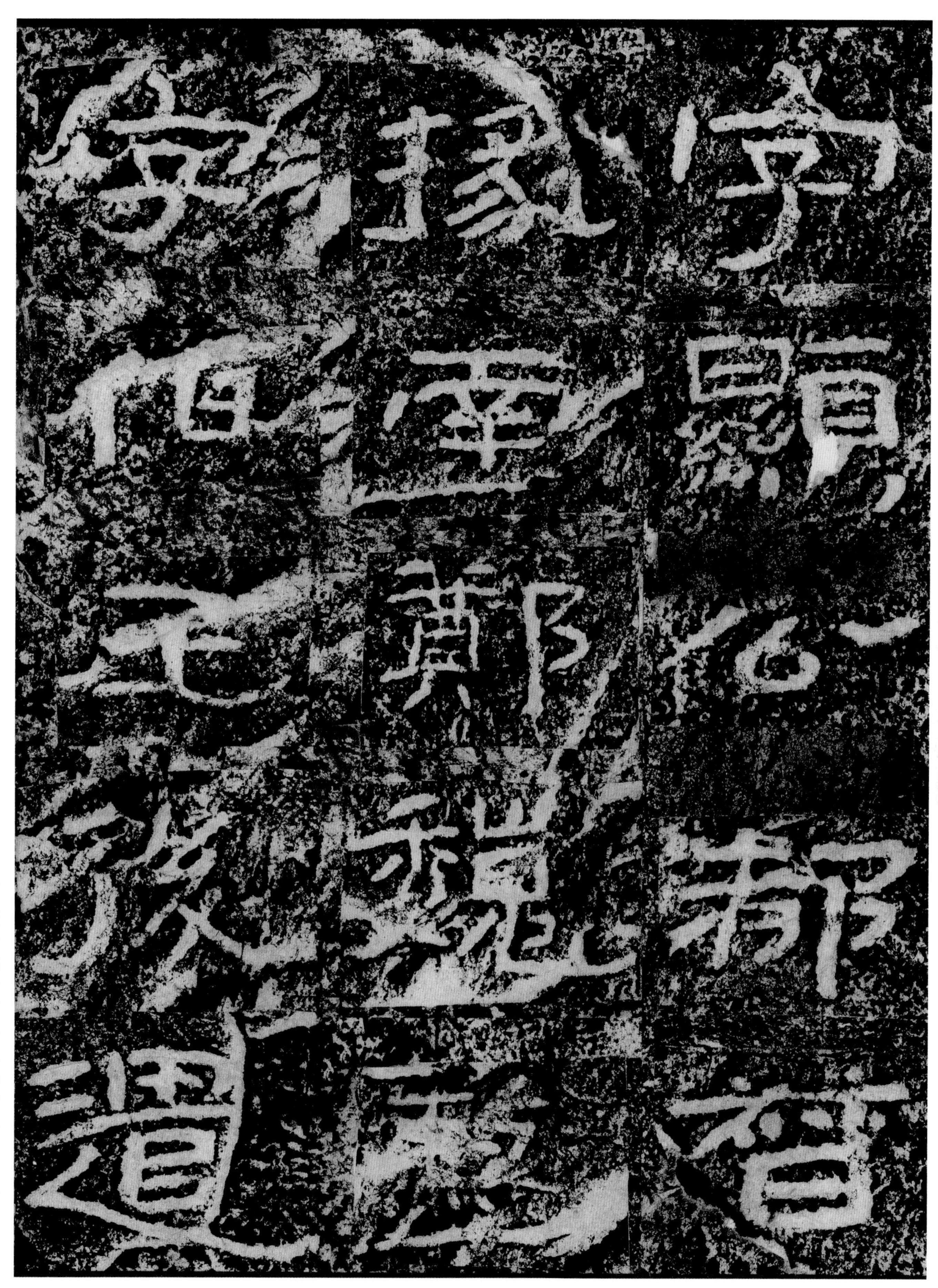

字显公、都督掾南郑巍（魏）整字伯玉。后遣

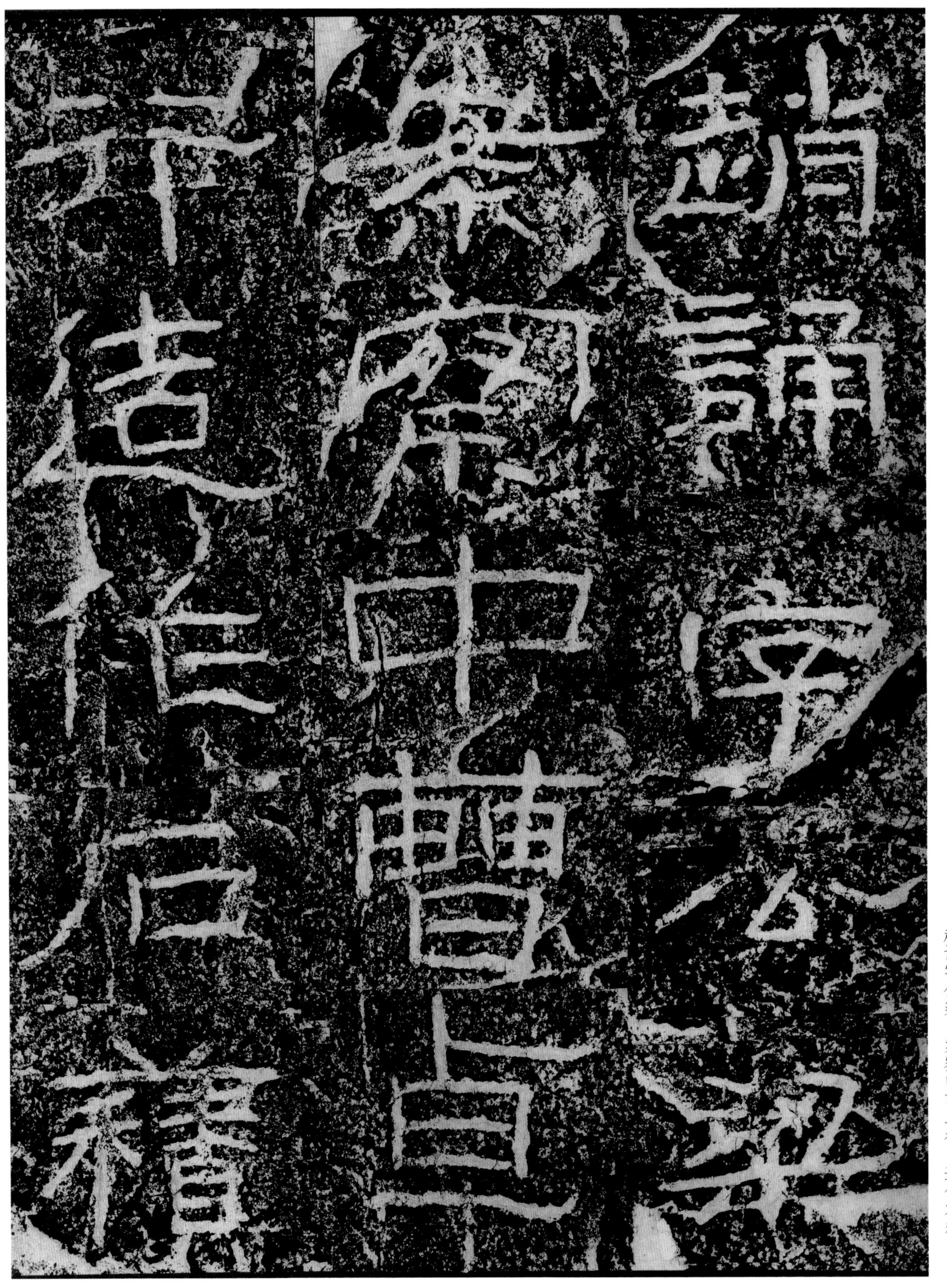

赵诵字公梁、案察中曹卓行，造作石积，

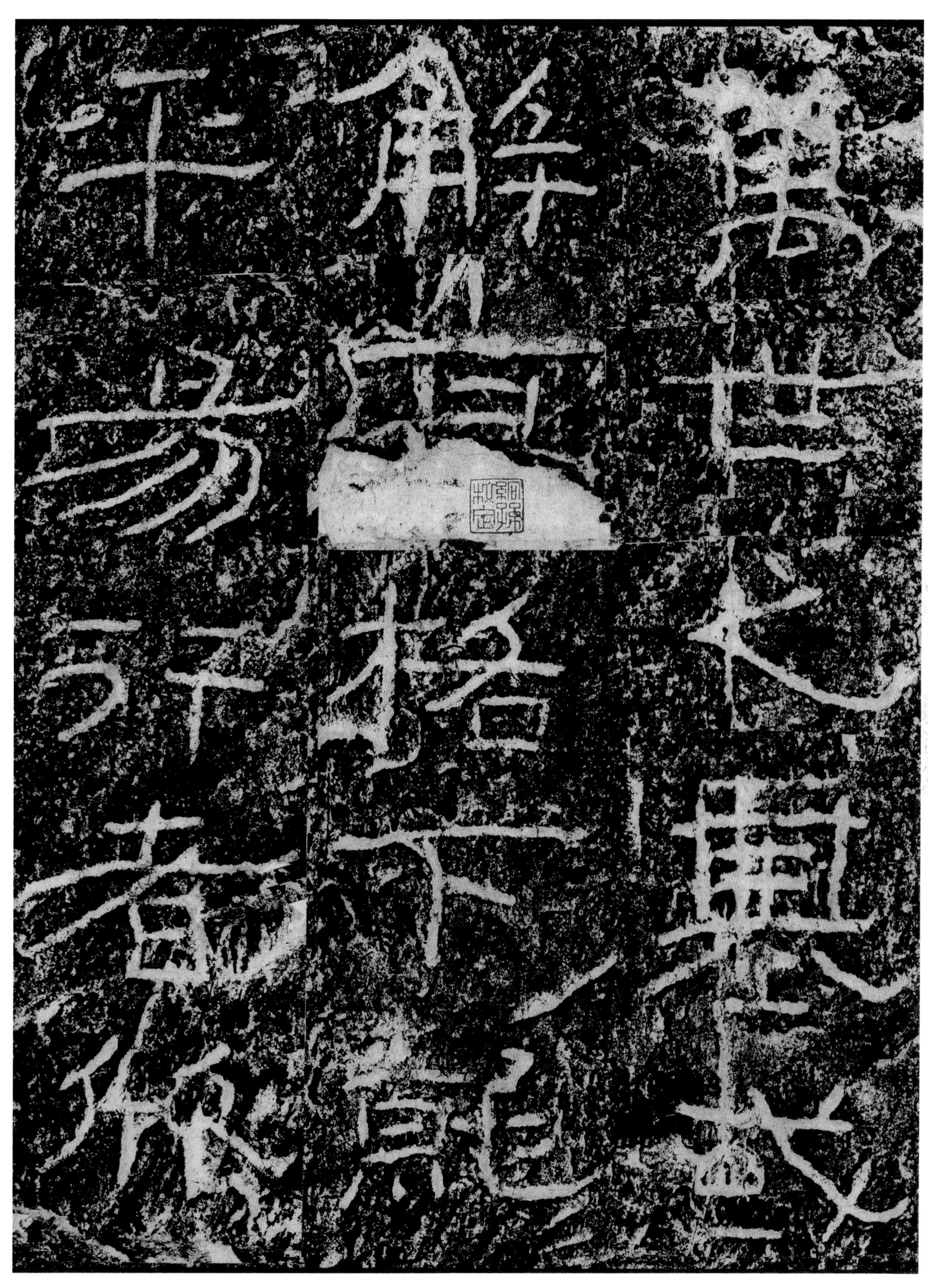


万世之基。或解高格，下就平易，行者欣

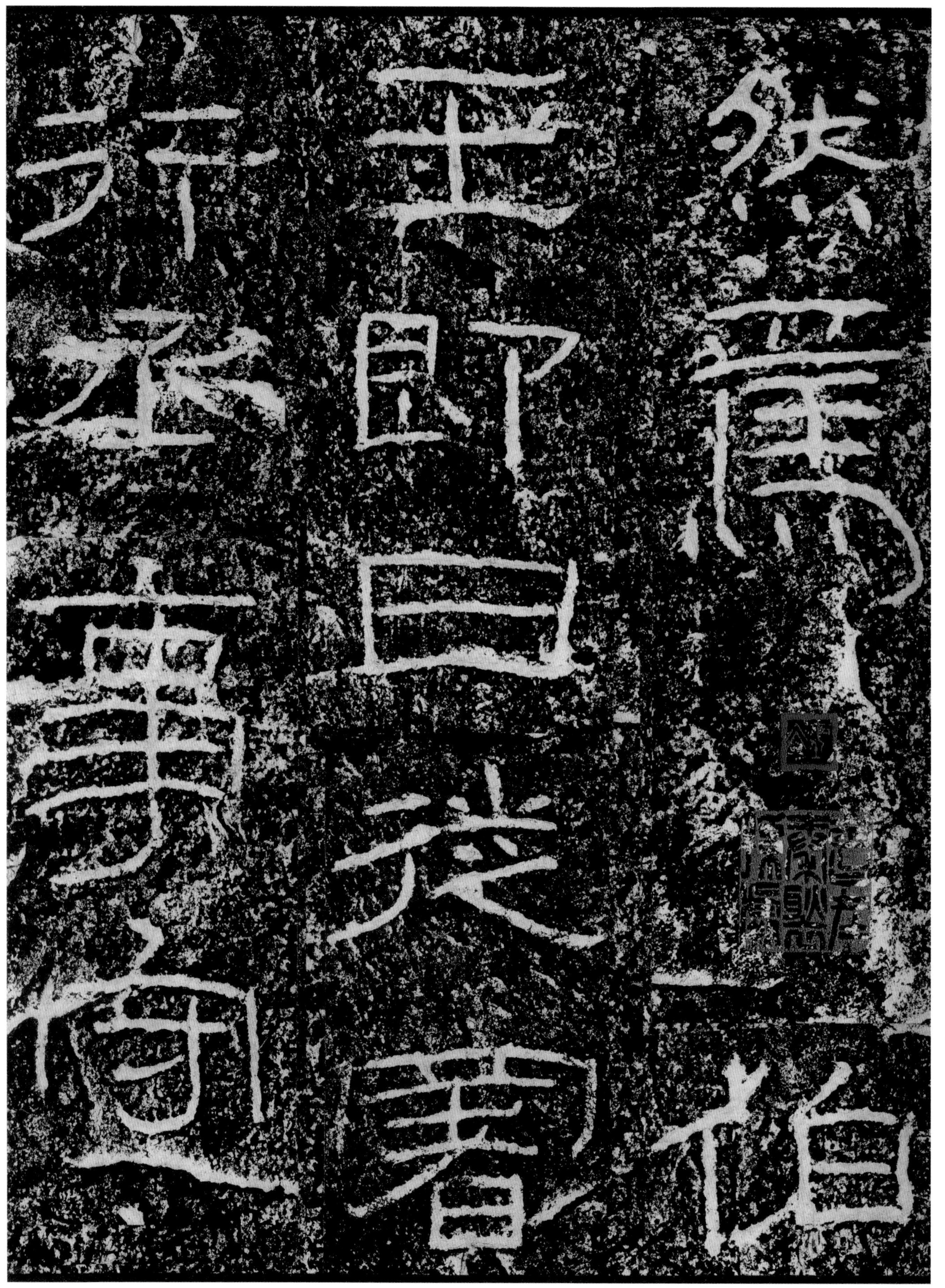

然焉。伯玉即日徙署，行丞事，守

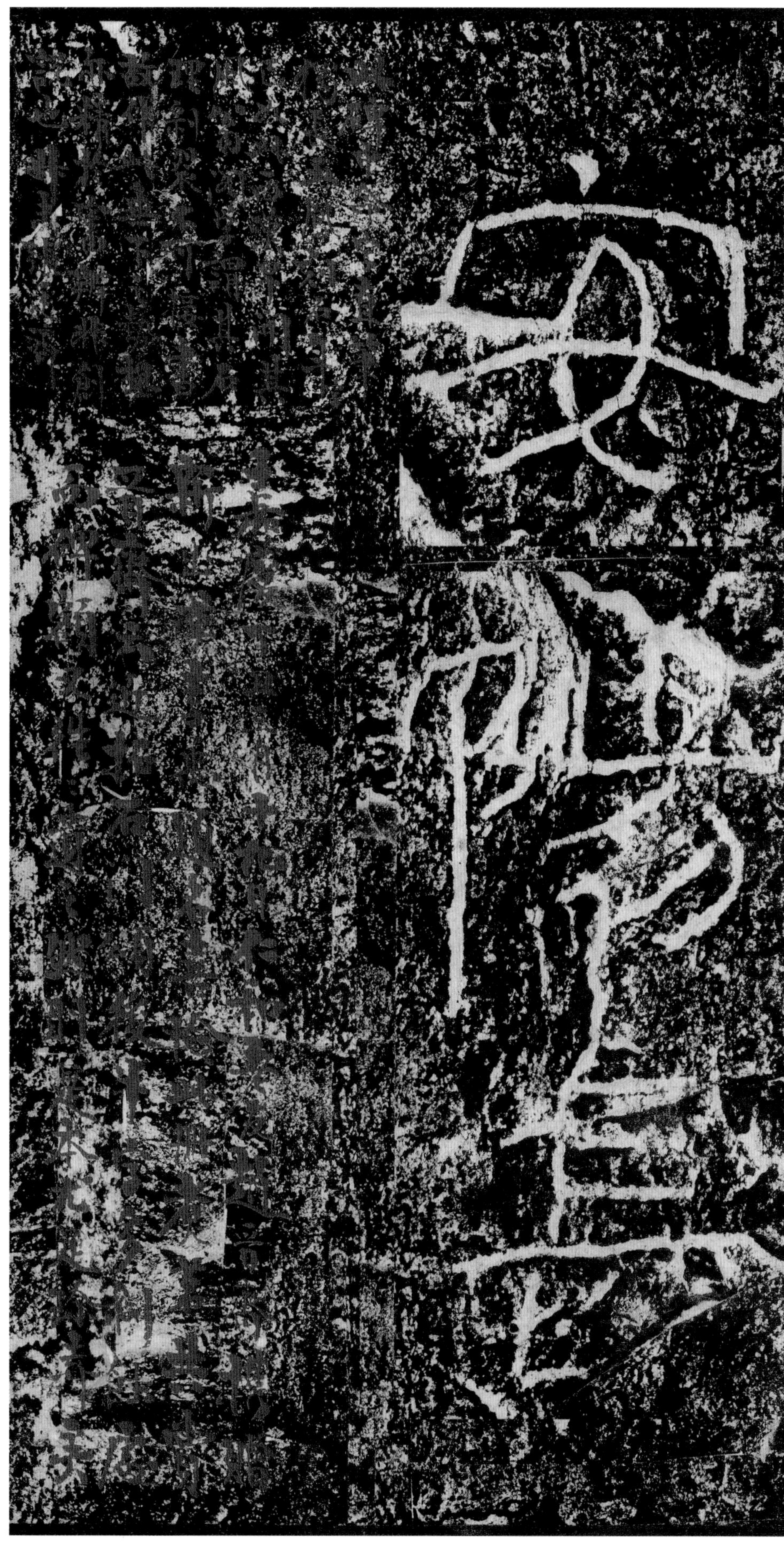
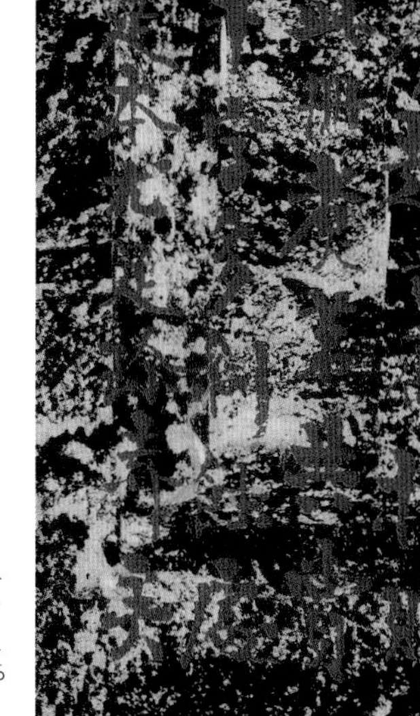

安阳长。

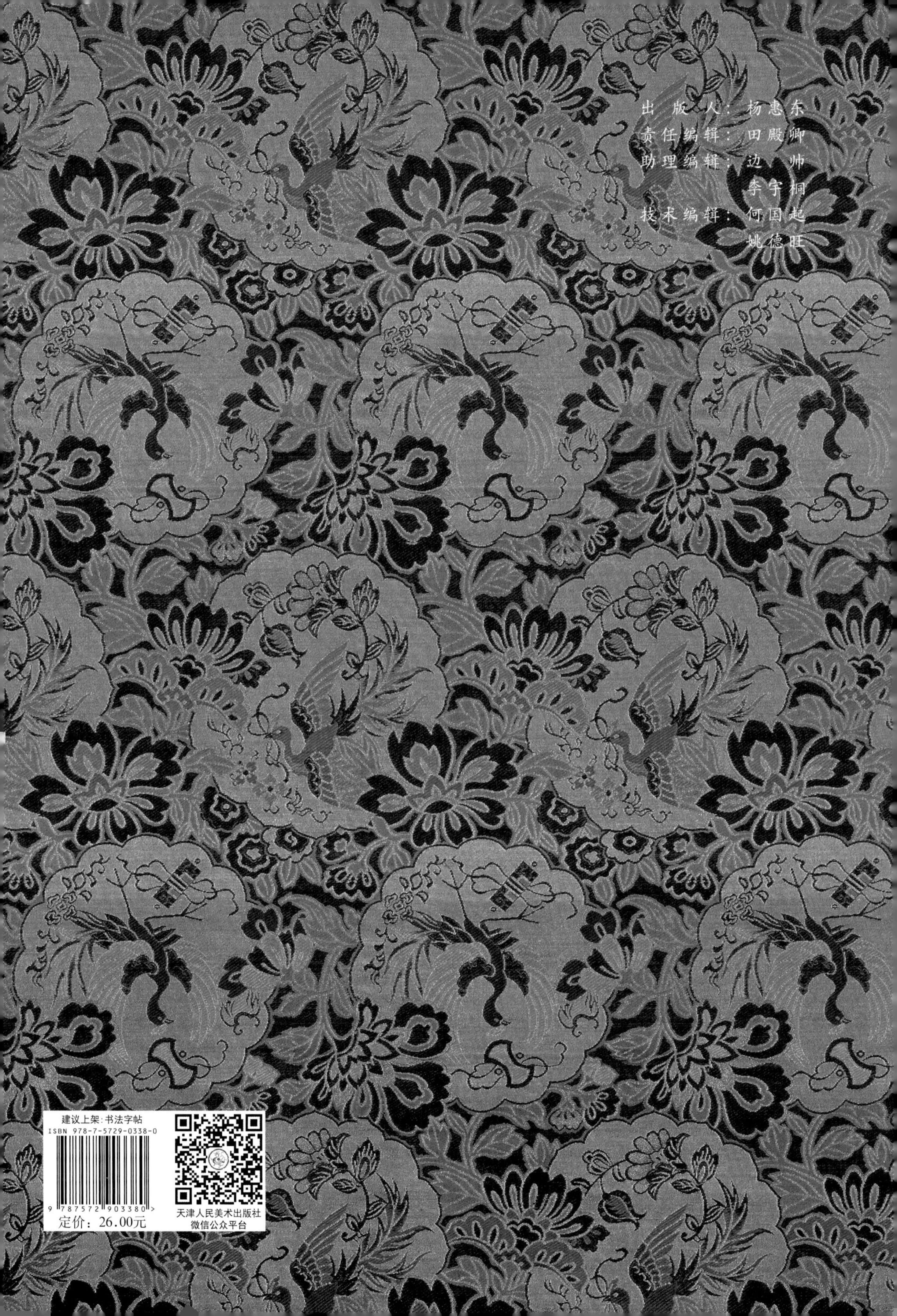

出 版 人：杨惠东
责任编辑：田殿卿
助理编辑：边 帅
李宇桐
技术编辑：何国起
姚德旺

建议上架：书法字帖
ISBN 978-7-5729-0338-0
9 787572 903380 >
定价：26.00元

天津人民美术出版社
微信公众平台